Como um romance

Daniel Pennac

COMO UM ROMANCE

Tradução de LENY WERNECK

Rocco **L&PM** POCKET

Coleção **L&PM** POCKET, vol. 722

Título original: *Comme un roman*
Publicado pela Editora Rocco em formato 14 x 21cm em 1993

Este livro foi publicado mediante acordo de parceria entre a Editora Rocco e a L&PM
 Editores exclusivo para a Coleção L&PM Pocket
Primeira edição na Coleção **L&PM** POCKET: setembro de 2008
Esta reimpressão: abril de 2011

Tradução: Leny Werneck
Capa: Marco Cena
Revisão: Larissa Roso e Taciana Panzenhagen

CIP-Brasil. Catalogação-na-Fonte
Sindicato Nacional dos Editores de Livros, RJ

P454c	Pennac, Daniel, 1944-
	Como um romance / Daniel Pennac; tradução de Leny Werneck. – Porto Alegre, RS: L&PM; Rio de Janeiro: Rocco, 2011.
	152p. – (Coleção L&PM POCKET; 722)
	Tradução de: *Comme un roman*
	ISBN 978-85-254-1797-8
	1. Livros e leitura - França. 2. Ensaio francês. I. Werneck, Leny, 1933-. II. Título. III. Série.
08-3252.	CDD: 844
	CDU: 821.133.1-4

© Éditions Gallimard, 1992
Direitos de edição da obra em língua portuguesa no Brasil adquiridos pela Editora Rocco
Ltda. Todos os direitos reservados.

Editora Rocco Ltda
Av. Pres. Wilson, 231 / 8º andar – 20030-021
Rio de Janeiro – RJ – Brasil / Fone: 21.3525.2000 – Fax: 21.3525.2001
email: rocco@rocco.com.br
www.rocco.com.br

L&PM Editores
Rua Comendador Coruja, 314, loja 9 – Floresta – 90220-180
Porto Alegre – RS – Brasil / Fone: 51.3225.5777 – Fax: 51.3221.5380
Pedidos & Depto. comercial: vendas@lpm.com.br
Fale conosco: info@lpm.com.br
www.lpm.com.br

Impresso no Brasil
Outono de 2011

*Para Franklin Rist, grande leitor de
romances e romanesco leitor.*

*À memória de meu pai, e na lembrança
cotidiana de Frank Vlieghe*

Sumário

I. Nascimento do alquimista 11
II. É preciso ler (O dogma) 55
III. Dar a ler 91
IV. O que lemos, quando lemos
   (ou os direitos imprescritíveis do leitor) 127
   1. O direito de não ler 129
   2. O direito de pular páginas 131
   3. O direito de não terminar um livro 135
   4. O direito de reler 137
   5. O direito de ler qualquer coisa 138
   6. O direito ao bovarismo
      (doença textualmente transmissível) 141
   7. O direito de ler em qualquer lugar 143
   8. O direito de ler uma frase aqui e outra ali 145
   9. O direito de ler em voz alta 146
   10. O direito de calar 150

Nota da tradutora

A leitura fluente de *Como um romance* pode fazer pensar que a tradução foi realizada com facilidade.

Nada disso, Daniel Pennac é mestre em engatilhar citações literárias, referências populares, gíria escolar e outras armadilhas, de que se serve como um... alquimista.

Além do habitual recurso aos Robert e Aurélio, que freqüentam lado a lado a mesa de trabalho de qualquer tradutor que se preze (se dão bem, os dois!), busquei conselho e palavras com amigos cujo conhecimento do francês clássico e cotidiano veio completar a tarefa em que me lancei por amor ao livro e admiração pelo autor. *Por essa cumplicidade, venho agradecer a Adrienne de Macedo e Raymond Rener.*

Leny werneck
Paris, 27 de junho de 1993.

I
Nascimento do alquimista

1

O verbo ler não suporta o imperativo. Aversão que partilha com alguns outros: o verbo "amar"... o verbo "sonhar"... Bem, é sempre possível tentar, é claro. Vamos lá: "Me ame!" "Sonhe!" "Leia!" "Leia logo, que diabo, eu estou mandando você ler!"

– Vá para o seu quarto e leia!
Resultado?
Nulo.
Ele dormiu em cima do livro. A janela, de repente, lhe pareceu imensamente aberta sobre uma coisa qualquer tentadora. Foi por ali que ele decolou. Para escapar ao livro. Mas é um sono vigilante: o livro continua aberto diante dele. E no pouco que abrimos a porta de seu quarto, nós o encontramos sentado junto à escrivaninha, seriamente ocupado em ler. Mesmo se nos aproximamos na ponta dos pés, da superfície de seu sono ele nos terá escutado chegar.

– Então, está gostando?
Ele não vai nos responder que não, isto seria um crime de lesa-majestade. O livro é sagrado, como é possível não gostar de ler? Não, ele vai dizer que as descrições são longas demais.

Tranqüilizados, voltamos ao nosso aparelho de televisão. E é até possível que esta reflexão suscite um apaixonante debate entre nós e os outros como nós...

– Ele acha as descrições longas demais. É preciso entender, estamos no século do audiovisual, evidentemente os romancistas do século dezenove tinham que descrever tudo...

– Mas isto não é razão para pular a metade das páginas!

Não vamos nos cansar, ele voltou a dormir.

2

Essa aversão pela leitura fica ainda mais inconcebível se somos de uma geração, de um tempo, de um meio e de uma família onde a tendência era nos impedir de ler.

– Mas pára de ler, olha só, você vai estragar a vista!

– Sai, vai brincar um pouco, está fazendo um tempo tão bonito!

– Apaga! Já é tarde!

É isso, o tempo estava sempre bom demais para ler, ou então era a noite, escura demais.

Note-se que em ler ou não ler, o verbo já era conjugado no imperativo. Mesmo no passado, as coisas não davam certo. De um certo modo, ler, então, era um ato subversivo. À descoberta do romance se juntava a excitação da desobediência familiar. Duplo esplendor! Ah, a lembrança dessas horas de leitura roubadas, debaixo das cobertas, à luz fraca de uma lanterna elétrica! Como Anna Karenina galopava depressa-depressa para junto do seu Vronski, naquelas horas da noite! Eles se amavam, aqueles dois, e isso já era lindo em si, mas eles se amavam contra a proibição de ler e isso era ainda melhor. Eles se amavam contra pai e mãe, se amavam contra o dever de matemática não terminado, contra a "dissertação" a preparar, contra o quarto por arrumar, eles se amavam em vez de irem para a mesa, eles se amavam antes da sobremesa, eles se preferiam à partida de futebol, à colheita de cogumelos... eles se tinham escolhido e se preferiam a tudo mais... Ah, meu Deus, o belo amor!

E como o romance era curto.

3

Sejamos justos. Nós não havíamos pensado, logo no começo, em impor a ele a leitura como dever. Havíamos pensado, a princípio, apenas no seu prazer. Os primeiros anos dele nos haviam deixado em estado de graça. O deslumbramento absoluto diante dessa vida nova nos deu uma espécie de inspiração. Para ele, nos transformamos em contador de histórias. Desde o seu desabrochar para a linguagem, nós lhe contamos histórias. E essa era uma aptidão em que nos desconhecíamos. O prazer dele nos inspirava. A felicidade dele nos dava fôlego. Para ele, multiplicávamos os personagens, encadeávamos os episódios, refinávamos as armadilhas... Como o velho Tolkien para seus netos, inventamos para ele um mundo. Na fronteira entre o dia e a noite, nos transformávamos em romancista, só dele.

Se não tivéssemos esse talento, se apenas contássemos para ele as histórias dos outros, e mal, buscando as palavras, estropiando os nomes próprios, confundindo episódios, casando o começo de um conto com o final de outro, nada disso teria importância... E mesmo se não contássemos histórias, mesmo se nos contentássemos em ler em voz alta, nós, ainda assim, teríamos sido o romancista dele, o contador único por quem, no final de cada dia, ele escorregava dentro dos pijamas do sonho antes de se dissolver nos lençóis da noite. Melhor, éramos o Livro.

Quem não se lembra dessa intimidade, incomparável.

Como gostávamos de amedrontá-lo, pelo puro prazer de o consolar! E como ele reclamava esse medo! Nada bobo, já, e, no entanto, todo trêmulo. Em suma, um verdadeiro leitor. Assim era a dupla que formávamos na época, ele leitor, e tão sagaz, e nós o livro, e tão cúmplice!

4

Resumindo, ensinamos tudo do livro a ele, naquele tempo em que ele não sabia ler. Nós o abrimos à infinita diversidade das coisas imaginárias, o iniciamos nas alegrias da viagem vertical, o dotamos da ubiqüidade, libertado de Cronos, mergulhado na solidão fabulosamente povoada de leitor... As histórias que líamos para ele formigavam de irmãos, de irmãs, de pais, de duplos ideais, esquadrilhas de anjos da guarda, legiões de amigos tutelares encarregados de suas tristezas, mas que, lutando contra seus próprios ogres, encontravam, eles também, refúgio nas batidas de seu coração. Ele tinha se tornado o anjo recíproco deles: um leitor. Sem ele, o mundo deles não existiria. Sem eles, ele continuaria preso na espessura do seu. Assim, ele descobriu a virtude paradoxal da leitura que é nos abstrair do mundo para lhe emprestar um sentido.

Ele retornava mudo dessas viagens. De manhã, passávamos a outras coisas. Para dizer a verdade, não procurávamos saber o que ele havia ganhado, por lá. Ele, inocentemente, cultivava esse mistério. Era, como se diz, seu universo. Suas relações particulares com Branca de Neve ou com qualquer um dos sete anões eram da ordem da intimidade, que exige segredo. Grande fruição do leitor, esse silêncio depois da leitura!

É, nós lhe ensinamos tudo do livro.

Nós abrimos formidavelmente seu apetite de leitor.

A tal ponto, lembremos, a tal ponto que *ele tinha pressa em aprender a ler!*

5

Que pedagogos éramos, quando não tínhamos a preocupação da pedagogia!

6

Ei-lo agora, adolescente recluso em seu quarto, diante de um livro que não lê. Todos os seus desejos de estar longe erguem, entre ele e as páginas abertas, uma tela esverdeada que perturba as linhas. Ele está sentado diante da janela, a porta fechada às costas. Página 48. Ele não tem coragem de contar as horas passadas para chegar a essa quadragésima oitava página. O livro tem exatamente quatrocentas e quarenta e seis. Pode-se dizer 500 páginas! Se ao menos tivesse uns diálogos, vai. Mas não! Páginas completamente cheias de linhas apertadas entre margens minúsculas, negros parágrafos comprimidos uns sobre os outros e, aqui e acolá, a caridade de um diálogo – um travessão, como um oásis, que indica que um personagem fala a um outro personagem. Mas o outro não responde. E segue-se um bloco de doze páginas! Doze páginas de tinta preta! Falta de ar! Ufa, que falta de ar! Merda, puta que pariu! Ele xinga. Muitas desculpas, mas ele xinga. Livro filho da puta, burro. Página quarenta e oito... Se ao menos conseguisse lembrar do conteúdo dessas primeiras quarenta e oito páginas! E nem ousa se colocar a pergunta que lhe será feita, inevitavelmente. A noite de inverno caiu. Das profundezas da casa chega até ele o sinal do jornal da televisão. Ainda meia hora a empurrar antes do jantar. Como é extraordinariamente compacto um livro. Não se pode separar em pedaços. E parece, além do mais, que é difícil de queimar. Nem mesmo o fogo consegue se insinuar entre as páginas. Falta de oxigênio. Ele faz todas essas reflexões à margem. E as margens dele são imensas. É grosso, é compacto, é um objeto contundente, o tal livro. Página quarenta e oito ou cento e quarenta e oito, qual é a diferença? A paisagem é a mesma. Ele revê os lábios do professor ao pronunciarem o título. Ele escuta a pergunta uníssona dos colegas:

– Quantas páginas?
– Trezentas ou quatrocentas...
(Mentiroso...)
– É pra quando?

O anúncio da data fatídica provoca um cortejo de protestos:

– Quinze dias? Quatrocentas páginas (quinhentas) pra ler em quinze dias! Mas nós não vamos conseguir nunca, Professor!

Professor não negocia.

Um livro é um objeto contundente e um bloco de eternidade. É a materialização do tédio. "O livro." Ele não o denomina nunca de outra maneira, em suas dissertações: o livro, os livros, livros.

"Em seu livro *Pensamentos*, Pascal nos diz que..."

O professor protesta, com caneta vermelha, que essa não é a denominação correta, que é preciso dizer se é um romance, um ensaio, uma antologia de contos, uma coletânea de poemas, que a palavra "livro", em si, na sua aptidão de tudo designar, não diz nada de preciso, um catálogo telefônico é um livro, assim como um dicionário, um guia turístico, um álbum de selos, um livro de contabilidade...

Não adianta, a palavra vai se impor de novo à sua pena, na próxima dissertação:

"Em seu livro *Madame Bovary*, Flaubert nos diz que..."

Porque, do ponto de vista de sua presente solidão, um livro é um livro. E cada livro pesa seu peso de enciclopédia, dessa mesma enciclopédia de capa dura, por exemplo, cujos volumes antigamente lhe empurravam debaixo de sua bunda de menino para que ele ficasse na altura da mesa da família.

E o peso de cada livro é suficiente para baixar o astral da gente. Ele estava sentado na cadeira com uma relativa leveza, ainda há pouco – a leveza das decisões tomadas. Mas ao final de algumas páginas sentiu-se invadido por esse peso dolorosamente familiar, o peso do livro, o peso do tédio, insuportável fardo do esforço fracassado.

Suas pálpebras anunciam a iminência do naufrágio. O rochedo da página 48 abriu uma brecha sob a linha-d'água de suas resoluções.

O livro o arrasta.

Eles afundam.

7

Enquanto isso, na sala, em torno do aparelho, o argumento de televisão corruptora vai ganhando adeptos:

– A bobagem, a vulgaridade, a violência dos programas... É incrível! Não se pode ligar o aparelho sem ver...

– Os desenhos animados japoneses... Vocês já viram esses desenhos animados japoneses?

– Mas não é só uma questão de programa... É a televisão em si mesma... essa facilidade... essa passividade do telespectador...

– É, a gente liga, a gente se senta...

– Passa de um canal pra outro...

– Essa dispersão...

– Isso permite que ao menos se evite a publicidade.

– Nem isso. Eles organizam programas sincrônicos. Você deixa um anúncio e vai cair num outro.

– Às vezes, o mesmo!

E faz-se o silêncio: é o momento da brusca descoberta de um desses territórios "consensuais" iluminados pelo brilho ofuscante de nossa lucidez adulta.

Então alguém, *mezza voce*:

– Ler, evidentemente, ler é outra coisa, ler é um ato!

– É muito justo o que você disse, ler é um ato, "o ato de ler", é verdade...

– Enquanto que a tevê, e mesmo o cinema, pensando bem... tudo nos é dado num filme, nada é conquistado, tudo é mastigado, a imagem, o som, os cenários, a música

ambiente, no caso de alguém não ter entendido a intenção do diretor...
— A porta que range para indicar que é o momento de ter medo...
— Na leitura, é preciso *imaginar* tudo isso... A leitura é um ato de criação permanente.
Novo silêncio.
(Entre "criadores permanentes", dessa vez.)
Então:
— O que me choca, pelo menos a mim, é o número de horas passadas, em média, por um garoto diante da tevê em comparação às horas de comunicação e expressão na escola. Eu li estatísticas sobre isso.
— Deve ser fenomenal!
— Uma por seis ou sete. Sem contar as horas passadas no cinema. Uma criança (não estou falando da nossa) passa em média – média mínima – duas horas por dia diante de um aparelho de televisão e de oito a dez horas durante o fim de semana. Ou seja, um total de trinta e seis horas, para cinco horas semanais de comunicação e expressão.
— É evidente, a escola não tem peso.
Terceiro silêncio.
Este, o dos abismos insondáveis.

8

Poderíamos continuar a dizer muitas coisas, para medir essa distância entre o livro e ele.

Nós as dissemos *todas*.

Que a televisão, por exemplo, não é a única causa.

Que entre a geração de nossos filhos e a nossa própria geração de leitores as décadas têm a profundidade de séculos.

De tal modo que, se nos sentimos psicologicamente mais próximos de nossos filhos do que nossos pais estiveram de nós, continuamos, intelectualmente falando, mais próximos de nossos pais.

(Aqui, controvérsia, discussão, questionamento dos advérbios "psicologicamente" e "intelectualmente". Reforço na figura de um novo advérbio):

– *Afetivamente* mais próximos, se você prefere.

– Efetivamente?

– Eu não disse efetivamente, eu disse *a*fetivamente.

– Quer dizer, nós somos afetivamente mais próximos de nossos filhos, mas *e*fetivamente mais próximos de nossos pais, é isso?

– É um "fenômeno de sociedade". Uma acumulação de "fenômenos de sociedade" que poderiam ser resumidos no fato de que nossos filhos são também filhos e filhas da época deles, enquanto que nós fomos apenas os filhos de nossos pais.

– ...?

– Mas claro! Adolescentes, não éramos clientes de nossa sociedade. Comercialmente e culturalmente falando, vivíamos numa sociedade de adultos. Roupas em comum, pratos comuns, cultura comum, o irmão menor herdava as roupas do mais velho, comíamos o mesmo cardápio, às mesmas horas, à mesma mesa, fazíamos os mesmos passeios no domingo, a televisão amarrava a família em torno de um único e só canal (bem melhor, aliás, do que todos esses de hoje...) e, em matéria de leitura, o único cuidado de nossos pais era o de colocar certos títulos em prateleiras inacessíveis.

– Quanto à geração precedente, a de nossos avós, ela proibia, pura e simplesmente, a leitura às moças.

– É verdade! Sobretudo os romances: "A imaginação é a perdição do lar". Coisa ruim para o casamento...

– Enquanto que hoje... Os adolescentes são clientes totais de uma sociedade que os veste, os distrai, os alimenta, os cultiva: onde florescem os mcdonald's e as marcas de jeans, entre outros. Nós íamos a festinhas, eles saem para as boates, nós líamos livros, eles devoram cassetes... Nós adorávamos comungar sob os auspícios dos Beatles, eles se fecham no autismo dos walkmans... E a gente vê essa coisa estranha, bairros inteiros confiscados pela adolescência, gigantescos territórios urbanos consagrados às deambulações adolescentes.

Aqui, evocação do Beaubourg.*

Beaubourg...

O barbarismo-Beaubourg...

---

* Beaubourg: nome do quarteirão (Plateau Beaubourg) onde está situado o Centro Georges Pompidou que recebe, por extensão, esse apelido. (N.T.)

Beaubourg, o imaginário errante. Beaubourg-a-perdição-a-droga-a-violência... Beaubourg, o grande vazio do R.E.R.*... O Buraco dos Halles!**

– De onde se lançam hordas de analfabetos aos pés da maior biblioteca pública da França.

Novo silêncio... um dos mais belos: o do "anjo paradoxal".

– Os seus filhos freqüentam Beaubourg?

– Raramente. Por sorte moramos longe, no Quinze, um bairro mais familiar.

Silêncio...
Silêncio...

– Enfim, eles não lêem mais.
– Não.
– Solicitados demais, lá fora.
– É.

---

* R.E.R.: Réseau Express Régional, sistema de transporte rápido, integrado às linhas de metrô, que liga Paris à sua extensa periferia suburbana. (N.T.)

** Buraco dos Halles: referência ao grande centro comercial subterrâneo que ocupa a área do antigo mercado de Paris e a grande estação de metrô e R.E.R. Châtelet-Les-Halles, à qual o centro comercial está ligado. (N.T.)

9

E quando não é o processo acusatório contra a televisão ou o consumismo, fala-se da invasão eletrônica; e se a culpa não é dos joguinhos hipnóticos, é da escola: a aprendizagem aberrante da leitura, o anacronismo dos programas, a incompetência dos professores, a decadência dos prédios, a falta de bibliotecas.

E o que mais, ainda?

Ah! sim, o orçamento do Ministério da Cultura... uma miséria!

E a parte infinitamente pequena reservada ao "Livro" nessa bolsa microscópica.

Como é que vocês querem, nessas condições, que meu filho, que minha filha, que nossos filhos, que os jovens leiam?

– Além do mais, lê-se cada vez menos, de maneira geral...

– É verdade.

10

E assim vão nossos propósitos, vitória perpétua da linguagem sobre a opacidade das coisas, silêncios luminosos que dizem mais do que calam. Vigilantes e informados, não somos os enganados da nossa época. O mundo inteiro está naquilo que dizemos – e totalmente esclarecido pelo que calamos. Somos lúcidos. Melhor ainda, temos a paixão da lucidez.

De onde vem então essa vaga tristeza de depois da conversa? Desse silêncio de meia-noite na casa devolvida a ela mesma? Da perspectiva da louça a lavar? Vejamos... A algumas dezenas de metros daqui – um sinal vermelho – nossos amigos estão presos nesse mesmo silêncio que, passada a embriaguez da acuidade, toma conta dos casais, quando voltam para casa, em seus carros fechados. É como um certo gosto de ressaca, o fim de uma anestesia, uma lenta volta à consciência, o retorno a si mesmo e o sentimento vagamente doloroso de não nos reconhecermos naquilo que estivemos dizendo. Nós não estávamos lá. Tudo mais estava, certo, os argumentos eram justos – e, sob esse ponto de vista, tínhamos razão –, mas não estávamos lá. Sem dúvida, mais uma noite sacrificada à prática anestesiante da lucidez.

É assim... a gente pensa estar voltando para casa e é para dentro de si mesmo que está voltando.

O que dizíamos agora mesmo, em torno da mesa, era o oposto do que se dizia dentro de nós. Falávamos da necessidade de ler, mas estávamos lá, perto dele, no quarto dele, do que não lê. Enumerávamos as boas razões que a época lhe fornece para não gostar da leitura, mas buscávamos atravessar o livro-muralha que nos separa dele. Falávamos do livro, mas não pensávamos senão nele.

Ele, que não melhorou nada as coisas, descendo para a mesa no último segundo, sentando sua falta de jeito de adolescente sem uma palavra de desculpa, não fazendo o menor esforço para participar da conversa e que finalmente se levantou sem esperar a sobremesa:

– Me desculpem, preciso ler.

11

A intimidade perdida...
    Pensando bem, nesse começo de insônia, aquele ritual da leitura, toda noite, à sua cabeceira, quando ele era pequeno – hora certa e gestos imutáveis –, tinha um pouco de prece. Aquele súbito armistício depois da barulhada do dia, aqueles reencontros fora de todas as contingências, o momento de recolhido silêncio antes das primeiras palavras do conto, nossa voz enfim igual a ela mesma, a liturgia dos episódios... Sim, a história lida cada noite preenchia a mais bela das funções da prece, a mais desinteressada, a menos especulativa e que não diz respeito senão aos homens: o perdão das ofensas. Não se confessava falta alguma, não se pensava na graça de um quinhão de eternidade, era um momento de comunhão entre nós, a absolvição do texto, um retorno ao único paraíso válido: a intimidade. Sem saber, descobríamos uma das funções essenciais do conto e, mais amplamente, da arte em geral, que é impor uma trégua ao combate entre os homens.
    O amor ganhava pele nova.
    Era gratuito.

12

Gratuito. Era bem assim que ele entendia. Um presente. Um momento fora dos momentos. Apesar de tudo. A história noturna o liberava do peso do dia. Largávamos as amarras. Ele ia com o vento, imensamente leve, e o vento era a nossa voz.

Como preço dessa viagem, não se exigia nada dele, nem um tostão, não se pedia a menor compensação. E não era nem mesmo uma recompensa. (Ah! as recompensas – como era preciso se mostrar digno de ter sido recompensado!) Aqui, tudo se passava no país da gratuidade.

A gratuidade, que é a única moeda da arte.

13

O que foi então que aconteceu entre aquela intimidade e ele, agora, batendo-se contra um livro-falésia enquanto nós procuramos entendê-lo (quer dizer, nos tranqüilizarmos), incriminando o século e a televisão – que nos esquecemos talvez de apagar?

Culpa da tevê?

O século vinte demasiado visual? O século dezenove descritivo? E por que não o dezoito racional demais, o dezessete clássico demais, o dezesseis Renascença demais, Púchkin demasiado russo e Sófocles demasiado morto? Como se as relações entre o homem e o livro tivessem necessidade de séculos para se espaçar.

Bastam alguns anos.

Algumas semanas.

O tempo de um mal-entendido.

Na época em que, na cabeceira de sua cama, evocávamos o vestido vermelho de Chapeuzinho e, nos mínimos detalhes, o conteúdo de sua cesta, sem esquecer as profundezas da floresta, as orelhas da avó estranhamente peludas de repente, a cavilheta e a taramela,* não guardamos lembrança de que ele achasse essas descrições longas demais.

E não foram séculos que se passaram, desde então.

Apenas esses momentos a que chamamos *a vida*, e aos quais damos ares de eternidade, a golpe de princípios inatingíveis: "É preciso ler."

---

* No original, *la chevillette et la bobinette*, referência à narrativa do conto de Perrault, consagrada popularmente como expressão mágica do tipo "abra-te sésamo". (N.T.)

14

Lá como cá, a vida se manifesta pela erosão de nosso prazer. Um ano de histórias na cabeceira da cama dele, tudo bem. Dois anos, vai. Três, limite. Isso totaliza mil e noventa e cinco histórias, à base de uma por noite. 1.095, é um número! E se fosse só o quarto de hora do conto... mas tem o tempo que o antecede. O que é que vou poder contar esta noite? O que é que vou ler?

Nós conhecemos os tormentos da inspiração.

No começo, ele nos ajudava. O que o seu encantamento exigia de nós não era uma história, mas *a mesma* história.

— Outra vez! Outra vez o Pequeno Polegar! Mas, meu filhote, não existe só o Pequeno Polegar, olha só, tem o...

Pequeno Polegar ou nada.

Quem diria que iríamos sentir falta da época feliz em que sua floresta era povoada somente pelo Pequeno Polegar? Por um pouco mais e chegaríamos até a nos maldizer por termos ensinado a ele a diversidade, dado a escolha.

— Não, essa não, você já me contou!

Sem se tornar uma obsessão, a questão da escolha virou um quebra-cabeças. Incluindo algumas súbitas resoluções: correr no próximo sábado a uma livraria especializada e examinar a literatura infantil. No sábado seguinte passávamos ao próximo. O que continuava sendo para ele uma expectativa sagrada havia adentrado, para nós, o domínio das preocupações domésticas. Preocupação menor, mas que se somava a outras, de tamanhos mais respeitáveis. Menor ou não, uma preocupação herdada de um prazer é para ser acompanhada de perto. E nós não a acompanhamos.

Tivemos momentos de revolta.

– Por que eu? E por que não você? Essa noite, sinto muito, mas é você quem vai contar a história!

– Você sabe muito bem que não tenho imaginação nenhuma...

Logo que aparecia uma oportunidade, incumbíamos uma outra voz, primo, prima, baby-sitter, tia de passagem, uma voz até então poupada, que encontrava ainda graça no exercício, mas que perdia muitas vezes o entusiasmo diante de suas exigências de público exigente:

– Não é assim que a avó responde!

Trapaceávamos vergonhosamente, também. Mais de uma vez negociamos o preço que a história valia para ele.

– Se você continuar, não vai ter história hoje à noite.

Ameaça que raramente púnhamos em execução. Dar um berro ou privá-lo da sobremesa não trazia a menor conseqüência. Mandá-lo para a cama sem a sua história era mergulhar seu dia numa noite negra demais. Era abandoná-lo sem o ter encontrado. Punição intolerável, para ele e para nós.

É bem verdade que essa ameaça, nós a proferimos... oh! umas três vezes... o subterfúgio de uma fadiga, a tentação mal revelada de utilizar esse quarto de hora, por uma vez, para fazer outra coisa, uma outra urgência doméstica, ou um momento de silêncio, simplesmente... uma leitura para si mesmo.

O contador, em nós, estava perdendo o fôlego, prestes a passar adiante a tocha.

15

A escola veio na hora certa.
E tomou o futuro pela mão.
Ler, escrever, contar...
No começo, ele sentiu um entusiasmo verdadeiro.

Que todos aqueles pauzinhos, laços, curvas, redondos e pontezinhas juntos formassem letras, era bonito! E que aquelas letras juntas dessem em sílabas, e que as sílabas, lado a lado, fossem palavras, ele nem acreditava. E que certas palavras lhe fossem familiares, era mágico!

Mamãe, por exemplo, *mamãe*, três pontezinhas, um redondo, uma curva, outra vez três pontezinhas, outros redondos e curvas, mais uma nuvem em cima e o resultado: *mamãe*. Como se recuperar desse deslumbramento?

Vale a pena tentar imaginar a coisa. Ele acordou cedo. Saiu, acompanhado pela mamãe, justamente, num chuvisco de outono (é isso, um chuvisco de outono e uma luz de aquário malcuidado, não sejamos avaros com a dramatização atmosférica), ele se dirige para a escola embuçado ainda no calor da cama, um último gosto de chocolate na boca, apertando forte essa mão acima da cabeça, caminhando bem depressa, fazendo dois passos quando mamãe faz um só, a mochila sacolejando nas costas, e já é a porta da escola, o beijo rápido, o pátio de cimento e as castanheiras escuras, os primeiros decibéis... ou bem ele se protege sob a parte coberta da entrada ou entra logo na dança, isso varia, mas logo eles se encontram todos sentados por trás de mesas liliputianas, imobilidade e silêncio, todos os movimentos do corpo forçados a domesticar somente o movimento da pena nesse corredor de teto baixo: a linha! Língua de fora, dedos canhestros e pulso pesado... pontezinhas, pauzinhos, curvas, redondos e pontezinhas... e a cem léguas de distância de mamãe, mergulhado, nesse instante, nessa *solidão* estranha que se chama *esforço*, cercado de todas essas outras solidões de língua de fora... e eis o encontro das primeiras letras... linhas de "a"... linhas de "m"... linhas de "t"... (nada fácil, o "t", com essa barra transversal, mas um doce, comparado com a revolução dupla do "f", ao emaranhado de onde emerge o laço do "q"...), todas essas dificuldades, entretanto, vencidas passo a passo... até o ponto em que, imantadas umas às outras, as letras acabam por se organizar por elas mesmas em sílabas... linhas de "ma"... linhas de "pa"... e que as sílabas, por sua vez...

Resumindo, numa bela manhã, ou numa tarde, as orelhas quentes ainda do tumulto do refeitório, ele assiste à aparição silenciosa da palavra sobre a folha branca, lá, na sua frente: mamãe.

Ele já tinha *visto*, no quadro, é claro, reconhecido diversas vezes, mas lá, debaixo dos olhos, escrita por seus próprios dedos...

Com uma voz meio incerta, no começo, ele balbucia as duas sílabas, separadamente: "Ma-mãe."

E, de repente:

– *Mamãe!*

Esse grito de alegria celebra o resultado da mais gigantesca viagem intelectual que se possa conceber, uma espécie de primeiro passo na lua, a passagem da mais total arbitrariedade gráfica à significação mais carregada de emoção! Pontezinhas, curvas, redondos, nuvem leve... e mamãe! Está escrito lá, diante de seus olhos, mas é dentro dele que a coisa explode! Aquilo não é uma combinação de sílabas, não é uma palavra, não é um conceito, não é *uma* mamãe, é a *sua* mamãe, *a dele*, uma transmutação mágica, que fala infinitamente mais do que a mais fiel das fotografias. Nada mais do que uns redondos, umas pontezinhas... mas que de repente – e para sempre – deixaram de ser eles mesmos, de serem nada, para se tornarem essa presença, essa voz, esse perfume, essa mão, esse corpo, essa infinidade de detalhes, esse todo, tão intimamente absoluto e tão absolutamente estranho ao que está traçado ali, sobre os trilhos da página, entre as quatro paredes da sala...

A pedra filosofal.
Nem mais nem menos.
Ele acaba de descobrir a pedra filosofal.

16

Ninguém se cura dessa metamorfose. Não se retorna ileso de uma viagem dessas. A toda leitura preside, mesmo que seja inibido, *o prazer de ler*; e, por sua natureza mesma – essa fruição de alquimista –, o prazer de ler não teme imagem, mesmo televisual e mesmo sob a forma de avalanches cotidianas.

Se, entretanto, o prazer de ler ficou perdido (se, como se diz, meu filho, minha filha, os jovens não gostam de ler), ele não se perdeu assim tão completamente.

Desgarrou-se, apenas.

Fácil de ser reencontrado.

Ainda que seja preciso saber por quais caminhos procurá-lo, e para fazê-lo, enumerar algumas verdades sem relação com os efeitos da modernidade sobre a juventude. Algumas verdades que nos concernem. E só a nós... que afirmamos "gostar de ler", e que pretendemos partilhar esse amor.

17

Assim, tocado pelo encantamento, ele volta da escola cheio de confiança em si, e mesmo feliz, para sermos precisos. Exibe suas manchas de tinta como condecorações. As teias de aranha de sua caneta esferográfica quadricolor são para ele enfeites de que se orgulha.

Uma felicidade que compensa ainda os primeiros tormentos da vida escolar: dias absurdamente longos, exigências da professora, barulhada do refeitório, primeiras turbulências do coração...

Ele chega, abre a mochila, expõe suas proezas, repete as palavras sagradas (e, se não é "mamãe", será "papai", ou "bala" ou "gato", ou seu próprio nome...).

Na rua, ele se transforma no substituto incansável das grandes epístolas publicitárias... Renault, Mesbla, Minalba, Minerva, Campeiro, as palavras lhe caem do céu. Marca nenhuma de sabão resiste à sua paixão de decifrar:

— "La-va-mais-bran-co", o que é que é isso, "lavamaisbranco"?

Porque bateu a hora das questões essenciais.

18

Nós nos deixamos ficar cegos por esse entusiasmo? Acreditamos que bastaria a uma criança o prazer das palavras para dominar os livros? Pensamos que a aprendizagem da leitura iria por si mesma, como vão a marcha vertical ou a linguagem – resumindo, um outro privilégio da nossa espécie? O que quer que seja, é o momento que escolhemos para pôr fim às leituras noturnas.

A escola ensinava a ler, ele punha paixão nisso, era uma virada na vida dele, uma nova autonomia, uma outra versão do primeiro passo, e foi isso que nos dissemos, confusamente, sem na verdade nos dizermos, tanto que o acontecimento nos pareceu "natural", uma etapa como outra qualquer na evolução biológica, sem choque.

Ele estava grande, agora, podia ler sozinho, caminhar sozinho no território dos signos.

Ele nos devolvia, enfim, nossos quinze minutos de liberdade.

Sua confiança, nova em folha, não fez grande coisa para nos contradizer. Ele se enfiava na cama, BABAR aberto sobre os joelhos, uma ruga de concentração entre os olhos: ele lia.

Garantidos por essa pantomima, saíamos de seu quarto sem compreender – ou sem querer confessar – que aquilo que uma criança aprende primeiro não é o ato, mas *o gesto do ato,* e que, se por um lado, ela pode ajudar na aprendizagem, essa ostentação é, acima de tudo, destinada a tranqüilizá-lo, nos contentando.

19

Nem por isso nos transformamos em pais indignos. Nós não o abandonamos à escola. Pelo contrário, acompanhamos bem de perto seu progresso. A professora nos conhecia como pais atentos, presentes a todas as reuniões, "abertos ao diálogo".

Nós ajudamos o aprendiz a fazer seus deveres. E quando ele manifestou os primeiros sinais de sufocação em matéria de leitura, insistimos bravamente para que ele lesse sua página cotidiana, em voz alta, e que ele lhe compreendesse o sentido.

Nem sempre era fácil.

Um parto, cada sílaba.

O sentido da palavra perdido no esforço de sua composição.

O sentido da frase atomizado pela quantidade de palavras.

Voltar atrás.

Retomar.

Infatigavelmente.

– Então, o que foi que você acabou de ler? O que é que *quer dizer*?

E tudo isso no pior momento do dia. Ou seja, na volta dele da escola, na nossa volta do trabalho. Ou seja, no ápice do seu cansaço e no vazio de nossas forças.

– Mas você não faz nenhum esforço!

Nervosismo, gritos, renúncias espetaculares, portas que batem, teimas:

– Começar tudo, começar tudo bem do começo!

E ele recomeça, desde o começo, cada palavra deformada pelo tremor dos lábios.

– Não adianta fazer cena!

Mas aquela tristeza não procurava nos fazer mudar. Era uma tristeza verdadeira, incontrolável, que nos dizia da dor, justamente, de não poder controlar mais nada, de não poder mais representar o papel à nossa satisfação e que se alimentava na fonte da nossa preocupação, muito mais do que nas manifestações da nossa impaciência.

Porque estávamos preocupados.

Com uma preocupação que rapidamente nos levou a compará-lo a outras crianças de sua idade.

E a questionar tais e tais amigos, cuja filha, não, não, ia muito bem na escola, devorava os livros, é isso.

E se ele fosse surdo? Disléxico, talvez? Iria nos fazer uma "rejeição escolar"? Acumular um atraso irrecuperável?

Consultas variadas: audiograma dos mais normais.

Diagnósticos tranqüilizadores de fonoaudiólogos. Serenidade de psicólogos...

Então?

Preguiçoso?

Simplesmente preguiçoso?

Não, ele seguia no seu ritmo, e era tudo, o que não é necessariamente o ritmo de um outro e que não é necessariamente o ritmo uniforme de uma vida, seu ritmo de leitor aprendiz, que conhece acelerações e bruscas regressões, períodos de bulimia e longas sestas digestivas, sede de avançar e medo de decepcionar...

Só que nós, "pedagogos", somos credores apressados. Detentores do Saber, emprestamos com juros. E é preciso que isso renda. Depressa! Sem o que, é de nós mesmos que duvidamos.

20

Se, como se costuma dizer, meu filho, minha filha, os jovens não gostam de ler, ou melhor, não amam a leitura – e o verbo é justo porque se trata bem de uma ferida de *amor* –, não é preciso incriminar nem a televisão, nem a modernidade, nem a escola. Ou incriminamos tudo isso, se quisermos, mas somente depois de nos termos colocado esta primeira questão: o que foi que fizemos daquele leitor *ideal* que ele era, naquele tempo em que representávamos, de uma só vez, o papel do contador e do livro?

A enormidade dessa traição!

Formávamos, ele, o conto e nós, uma Trindade a cada noite reconciliada: agora, ele se encontra só, diante de um livro hostil.

A leveza de nossas frases o libertava da gravidade; o indecifrável movimento confuso das letras sufoca até mesmo suas tentações de sonho.

Nós o havíamos iniciado na viagem vertical; ele foi abatido pela estupefação do esforço.

Nós o havíamos dotado de ubiqüidade; ei-lo agora preso em seu quarto, em sua sala de aula, em seu livro, numa linha, numa palavra.

Onde, então, é que foram se esconder todos aqueles personagens mágicos, aqueles irmãos, irmãs, reis, rainhas, aqueles heróis tão perseguidos por tantos inimigos e que o aliviavam da aflição de ser, chamando-o a ajudá-los? É possível que eles tenham alguma coisa a ver com esses traços de tinta brutalmente apertados que se chamam letras? É possível que aqueles semideuses tenham sido despedaçados a esse ponto, reduzidos a isso: signos impressos? E o livro tornado esse *objeto*? Estranha metamorfose! O inverso da magia. Seus heróis e ele sufocados juntos na muda espessura do livro!

E não é das menores metamorfoses, esse furor determinado de papai e mamãe, tal como da professora, em querer que ele libere esse sono aprisionado.

– Então, o que foi que aconteceu com o príncipe? Eu estou esperando!

Esses pais nunca, nunca, quando liam um livro para ele, se preocupavam em saber se ele tinha *entendido* bem que a Bela dormia no bosque porque tinha sido picada por um fuso, e Branca de Neve porque tinha mordido a maçã. (Nas primeiras vezes, aliás, ele não tinha mesmo entendido, de verdade. Havia tantas maravilhas, nessas histórias, tantas palavras bonitas, tanta emoção! Ele punha toda a atenção em esperar o pedaço preferido, que recitava, ele mesmo, no momento chegado; e depois vinham os outros, mais obscuros, onde se atavam todos os mistérios, mas pouco a pouco ele *entendia* tudo, absolutamente tudo, e sabia perfeitamente que, se a Bela dormia, era por causa do tal fuso, e Branca de Neve por causa da maçã...)

– Vou repetir minha pergunta: *o que foi que aconteceu a esse príncipe quando seu pai o expulsou do castelo?*

Insistimos, insistimos. Meu Deus, não é possível que esse garoto não tenha entendido o conteúdo dessas quinze linhas! Afinal de contas, não é nenhum fim de mundo, quinze linhas!

Éramos o contador de histórias e nos tornamos contadores, simplesmente.

Eh! é isso...

É isso... A televisão elevada à dignidade de recompensa... e, em corolário, a leitura reduzida ao nível de obrigação... é bem nosso, esse achado...

21

"*A leitura é o flagelo da infância e quase a única ocupação que se sabe lhe dar. (...) Uma criança não fica muito interessada em aperfeiçoar o instrumento pelo qual é atormentada; mas façais com que esse instrumento sirva a seus prazeres e ela irá logo se aplicar, apesar de vós.*

Dá-se a um grande trabalho em procurar os melhores métodos para ensinar a ler, inventam-se escrivaninhas, cartões, faz-se do quarto de uma criança uma oficina de impressão (...) Que ridículo! Um meio mais seguro do que esses todos, e é aquele que se esquece sempre, é o desejo de aprender. Dai à criança o desejo de vossas escrivaninhas (...); todo método lhe será bom.

O interesse presente; aí está o grande impulso, o único que conduz com segurança, e longe.

(...)

Acrescentarei a única palavra que faz uma importante máxima; é que, em geral, se obtém mais seguramente e mais depressa aquilo que não se está, de modo nenhum, apressado em obter."

Está certo, está certo! Rousseau não deveria ter voz no capítulo, ele que jogou seus filhos fora com a água do banho familiar! (Ditado idiota...)

Não importa... ele intervém, bem a propósito, para nos lembrar que a obsessão adulta do "saber ler" não data de ontem... nem a estupidez dos achados pedagógicos que se elaboram contra o desejo de aprender.

E depois (ó, o riso sarcástico do anjo paradoxal!) pode acontecer que um pai ruim tenha excelentes princípios de educação e um bom pedagogo, princípios execráveis. Assim é.

Mas se Rousseau não é recomendável, o que dizer de Valéry (Paul) – que não tinha ligação com a Assistência Pública, ele que, fazendo às jovens da austera *Légion d'honneur* o discurso mais edificante possível, o mais respeitoso da instituição escolar, passa direto ao essencial do que se pode dizer em matéria de amor, de amor pelo livro:

"Senhoritas, não é, de modo algum, sob o aspecto do vocabulário e da sintaxe que a Literatura começa a nos seduzir. Lembrai-vos simplesmente de como as Letras se introduzem em nossas vidas. Na idade mais tenra, mal cessam de nos cantar a cantiga que faz o recém-nascido sorrir e adormecer, abre-se a era dos contos. A criança os bebe como bebia seu leite. Ela exige a seqüência e a repetição das maravilhas; ela é um público implacável e excelente. Sabe Deus as horas que perdi em alimentar de mágicos e monstros, piratas e fadas, os pequeninos que gritavam: Mais! a seu pai fatigado."

22

"*Ele é um público implacável e excelente.*" Ele é, desde o começo, o bom leitor que continuará a ser se os adultos que o circundam alimentarem seu entusiasmo em lugar de pôr à prova sua competência, estimularem seu desejo de aprender, antes de lhe impor o dever de recitar, acompanharem seus esforços, sem se contentar de esperar na virada, consentirem em perder noites, em lugar de procurar ganhar tempo, fizerem vibrar o presente, sem brandir a ameaça do futuro, se recusarem a transformar em obrigação aquilo que era prazer, entretendo esse prazer até que ele se faça um dever, fundindo esse dever na gratuidade de toda aprendizagem cultural, e fazendo com que encontrem eles mesmos o prazer nessa gratuidade.

23

Ora, este prazer está bem próximo. Fácil de reencontrar. Basta não deixar os anos passarem. Basta esperar o cair da noite, abrir de novo a porta do seu quarto, nos sentarmos à sua cabeceira e retomarmos nossa leitura em comum.

Ler.
Em voz alta.
Gratuitamente.
Suas histórias preferidas.

O que acontece então vale a descrição. Para começar, ele não acredita nos seus ouvidos. Gato escaldado tem medo de histórias! A coberta puxada até o queixo, ele está alerta, esperando a armadilha:

– Bom, o que foi que eu acabei de ler? Você entendeu?

Mas olha só, não lhe fazemos essas perguntas. Nem outra qualquer. Nos contentamos em ler. Grátis. Ele se descontrai pouco a pouco. (Nós também.) Ele recupera lentamente aquela concentração sonhadora que tinha o seu rosto, de noite. E nos reconhece, enfim. A nossa voz recomposta. É possível que, sob o choque, ele adormeça logo nos primeiros minutos... o alívio.

Na noite seguinte, mesmos encontros. E mesma leitura, provavelmente. Sim, há chances de que ele nos reclame o mesmo conto, coisa de provar a si mesmo que não estava sonhando na véspera, e que nos faça as mesmas perguntas, nos mesmos lugares, apenas pela alegria de nos escutar lhe dando as mesmas respostas. A repetição é confortadora. Ela é prova de intimidade. Ela é respiração mesma. Ele tem necessidade de reencontrar esse sopro:

– Mais!

"Mais, mais..." quer dizer, na bucha: "É preciso que nos amemos, você e eu, para nos satisfazermos com esta mesma história, infinitamente repetida!" Reler não é se repetir, é dar uma prova sempre nova de um amor infatigável.

Então relemos.

O seu dia ficou para trás. Estamos aqui, enfim juntos, enfim *em outro lugar*. Ele reencontrou o mistério da Trindade: ele, o texto e nós (na ordem que se quiser porque toda felicidade vem justamente de não se poder pôr em ordem os elementos dessa fusão!).

Até que ele se ofereça o último prazer do leitor, que é o de se cansar do texto, e nos pedir para passar a um outro.

Quantas noites passamos assim, perdidas em desaferrolhar as portas do imaginário? Algumas, não mais. Outras mais, admitamos. Mas o jogo valia a pena. E ei-lo de novo aberto a todas as narrativas possíveis.

Enquanto isso, a escola prossegue seu aprendizado. Se ele não apresenta ainda progresso no balbucio de suas leituras escolares, não nos assustemos, o tempo está do nosso lado desde que não queiramos ganhá-lo.

O progresso, esse famoso "progresso", se manifestará num outro terreno, em um momento inesperado.

Uma noite, porque pulamos uma linha, vamos escutá-lo gritar:

– Você pulou um pedaço!
– O quê?
– Você passou, você pulou um pedaço!
– Mas não, eu garanto...
– Me dá!

Ele vai nos tomar o livro das mãos e, com um dedo vitorioso, mostrará a linha pulada, *que vai ler em voz alta.*

É o primeiro sinal.

Outros seguirão. Ele vai pegar o hábito de interromper nossa leitura:

– Como é que isso se escreve?

– Isso o quê?

– Pré-histórico.

– P.R.E.H.I.S...

– Deixa ver!

Não tenhamos ilusões, essa brusca curiosidade tem um pouco a ver com a sua recente vocação de alquimista, claro, mas sobretudo com seu desejo de prolongar o tempo acordado.

(Prolonguemos, prolonguemos...)

Numa outra noite, ele vai decretar:

– Vou ler com você!

Com a cabeça por cima do nosso ombro, ele irá seguindo, por alguns momentos, com os olhos, as linhas que estamos lendo.

Ou então:

– Sou eu que começo!

E vai se lançar de assalto ao primeiro parágrafo.

Laboriosa, a sua leitura, é certo; e logo sem fôlego, que seja... Nada importa, a paz reencontrada, ele lê sem medo. E vai ler ainda melhor, cada vez mais voluntariamente.

– Essa noite sou eu que leio!

O mesmo parágrafo, é evidente – as virtudes da repetição –, depois um outro, seu "pedaço preferido", depois textos inteiros. Textos que conhece quase de cor, que *reconhece* mais do que lê, mas que lê assim mesmo pela alegria de reconhecê-los. Não está longe a hora, agora, em que vamos surpreendê-lo, a um momento ou outro do dia, com *As histórias da carochinha* nos joelhos, penteando, com Delfina e Marinette, os animais da fazenda.

Há alguns meses, ele mal acabava de reconhecer "mamãe"; hoje é uma narrativa que emerge inteira da chuva de palavras. Ele se tornou o herói de suas leituras, aquele a quem o autor havia investido do mandato, por toda a eternidade, de vir a liberar os personagens presos na trama do texto – para que eles mesmos o arrancassem das contingências do dia.

É isso. Partida ganha.

E se quisermos lhe dar um último prazer, basta adormecermos enquanto ele lê para nós.

24

"Não se fará nunca um menino entender que a noite fica bem no meio de uma história cativante, não se fará jamais que ele entenda, por uma demonstração só para ele mesmo, que é preciso interromper sua leitura e ir se deitar."

É Kafka quem diz isso, no seu diário, o pequeno Franz, cujo papai teria preferido que ele passasse todas as noites de sua vida a fazer contas.

II
É PRECISO LER

(O dogma)

25

Continua o drama do carinha em seu quarto.
Ele também estava precisando se reconciliar com "os livros"!

Casa vazia, pais deitados, televisão apagada, então ele se encontra só... diante da página 48.

E essa "ficha de leitura" para apresentar amanhã...

Amanhã...

Rápido cálculo mental:

446-48 = 398.

Trezentas e noventa e oito páginas a engolir durante a noite!

Ele toma a decisão, heroicamente. Uma página empurrando a outra. As palavras do livro dançam entre as "orelhas" do seu walkman.

Sem alegria. As palavras têm pés de chumbo. Elas caem umas após outras, como esses cavalos feridos que a gente mata. Nem mesmo o solo de bateria consegue ressuscitá-las. (E no entanto, um tremendo baterista, Kendall!) Ele prossegue a leitura sem se voltar sobre o cadáver das palavras. As palavras revelaram o seu sentido, paz a suas letras. Essa hecatombe não o assusta. Ele lê como quem avança. É o dever que o empurra. Página 62, página 63.

Ele lê.

O que é que ele está lendo?

A história de Emma Bovary. A história de uma moça que tinha lido muito:

"Ela tinha lido Paul et Virginie e tinha sonhado com a pequenina casa de bambu, o negro Domingo, o cão Fidèle, mas sobretudo com a doce amizade de um bom irmãozinho qualquer, que vai buscar frutas vermelhas nas grandes árvores, mais altas que torres de igrejas, ou que corre de pés descalços na areia, trazendo um ninho de passarinho."

O melhor é telefonar a Tiago ou a Stephanie para que lhe passem as fichas de leitura deles, amanhã de manhã, para copiar às pressas, antes de entrar na aula, sem ser visto, eles lhe devem bem isso.

"Quando ela fez treze anos, seu pai a levou, ele mesmo, à cidade, para interná-la no convento. Eles desembarcaram num albergue do bairro Saint Gervais onde lhes serviram, no jantar, pratos pintados que representavam a história da senhorita de La Vallière. As explicações, cortadas aqui e ali pelo arranhado das facas, glorificavam todas a religião, as delicadezas do coração e as pompas da Corte."

A fórmula: *"lhes serviram, no jantar, uns pratos pintados..."* lhe arranca um sorriso cansado: "Deram pratos vazios pra eles comerem? Fizeram eles bicar a história dessa La Vallière?" Ele se faz de esperto. Ele se crê à margem da sua leitura. Errado, sua ironia acertou no alvo. Porque as suas infelicidades simétricas vêm daí: Emma é capaz de olhar seu prato como um livro, e ele, seu livro como um prato.

26

Enquanto isso, no colégio (como diziam em itálico as histórias em quadrinhos da geração deles), os pais:

– O senhor sabe, meu filho... minha filha... os livros...

O professor de francês entendeu: o aluno em questão "não gosta de ler".

– O que é mais surpreendente é que em criança ele lia muito... até adorava, não é, meu bem, pode-se dizer que ele devorava...

Meu bem opina: ele devorava.

– É preciso dizer que nós proibimos a televisão!

(Outro caso comum, este: a proibição absoluta da tevê. Resolver um problema suprimindo seu enunciado, mais um famoso truque pedagógico!)

– É verdade, nada de televisão durante o ano escolar, é um princípio que nunca transigimos!

Nada de televisão, mas piano de cinco às seis, violão de seis às sete, dança na quarta-feira, judô, tênis, esgrima no sábado, ski desde os primeiros flocos de neve, estágio de vela desde os primeiros raios de sol, cerâmica nos dias de chuva, viagem à Inglaterra, ginástica rítmica...

Sem dar a menor chance ao pequeno quarto de hora de encontro com si mesmo. Ataque ao sonho.

Abaixo o tédio.

O belo tédio...

O longo tédio...

Que torna toda a criação possível...

— Nós fazemos tudo para que ele não se aborreça nunca.

(Coitado dele...)

— Nós temos, como dizer? Nós temos o cuidado de dar a ele uma formação completa...

— Eficiente, sobretudo, meu bem, eu diria melhor eficiente.

— Sem o que, não estaríamos aqui.

— Por sorte, os resultados dele em matemática não são ruins...

— Evidentemente, em comunicação e expressão....

Ó o pobre, o triste, o patético esforço que impomos a nosso orgulho para irmos assim, quais burgueses de Callais* e daqui, as chaves do nosso fracasso estendidas na frente, visitar o professor – que escuta, o professor, e diz sim-sim, e que gostaria bem de se oferecer uma ilusão, ao menos uma vez em sua longa vida de professor, se oferecer uma ilusãozinha... mas não:

— O senhor pensa que um fracasso em sua matéria possa ser causa para repetência?

---

* Referência a um episódio da Guerra dos Cem Anos, em que a cidade de Callais se rebelou contra o domínio inglês. A revolta foi esmagada e, para salvar a cidade da destruição, seis burgueses se apresentaram aos vencedores para serem enforcados, levando as chaves da cidade. O rei da Inglaterra levantou a sentença e a cidade foi preservada. Esse episódio foi reproduzido em escultura, por Rodin, e pode ser visto no porto de Callais, assim como, em cópia, nos jardins do Museu Rodin, em Paris. (N.T.)

27

E assim vão as nossas existências: ele traficando fichas de leitura, nós face ao espectro de sua repetência, o professor em sua matéria ultrajada... E viva o livro!

28

Bem depressa um professor se torna um velho professor. Não que a usura da profissão seja maior do que outra qualquer, não... é de escutar tantos pais lhe falarem de tantos filhos – e, assim fazendo, falarem deles mesmos – e de escutar tantas narrativas de vidas, tantos divórcios, tantas histórias de família: doenças infantis, adolescentes que não são mais controláveis, filhas queridas cuja afeição escapa, tantos fracassos chorados, tantos sucessos proclamados, tantas opiniões sobre tantos assuntos, e sobre a necessidade de ler, a absoluta necessidade de ler, unanimidade.

O dogma.

Tem aqueles que nunca leram e têm vergonha, os que não têm mais tempo de ler e que cultivam o remorso, há os que não lêem romances, só livros *úteis,* ensaios, obras técnicas, biografias, livros de história, há os que lêem tudo e não importa o quê, os que "devoram" e têm olhos que brilham, há os que só lêem os clássicos, meu senhor, "porque não há melhor crítica do que a peneira do tempo", os que passam a sua maturidade a "reler" e aqueles que leram o último livro tal e o último tal outro, porque é preciso, o senhor sabe, estar atualizado...

Mas todos, todos, em nome da necessidade de ler.

O dogma.

Inclusive aquele que, se não lê mais hoje, afirma que é por ter lido ontem, acontece que ele tem, de agora para frente, seus estudos deixados para trás e sua vida "bem-sucedida", graças a ele, é claro (é dos "que não devem nada a ninguém"), mas reconhece de bom grado que esses livros de que não precisa mais lhe foram bastante úteis... mesmo indispensáveis, é, in-dis-pen-sá-veis!

– Mas é preciso, entretanto, que esse garoto meta isso na cabeça!

O dogma.

29

Ora, o "garoto" já tem isso na cabeça. Nem por um segundo ele questiona o dogma. É, pelo menos, o que aparece claramente na sua dissertação:

Assunto: O que você pensa desta exortação de Gustave Flaubert à sua amiga Louise Collet: "Leia para viver!"

O garoto está de acordo com Flaubert, o garoto, seus colegas e suas colegas, todos de acordo: "Flaubert tinha razão!" Uma unanimidade de trinta e cinco redações: é preciso ler, é preciso ler para viver e é mesmo – essa absoluta necessidade de leitura – o que nos distingue do animal, do bárbaro, do bruto ignorante, do sectário histérico, do ditador triunfante, do materialista insaciável, é preciso ler! é preciso ler!
– Para aprender.
– Para dar certo nos estudos.
– Para nos informarmos.
– Para sabermos de onde viemos.
– Para sabermos quem somos.
– Para conhecer melhor os outros.
– Para saber para onde vamos.
– Para conservar a memória do passado.
– Para esclarecer nosso presente.
– Para aproveitar as experiências anteriores.
– Para não repetir as besteiras de nossos ancestrais.

– Para ganhar tempo.
– Para nos evadirmos.
– Para buscar um sentido na vida.
– Para compreender os fundamentos de nossa civilização.
– Para alimentar nossa curiosidade.
– Para nos distrairmos.
– Para nos informarmos.
– Para nos cultivarmos.
– Para comunicar.
– Para exercer nosso espírito crítico.

E ao professor cabe aprovar, na margem: *"Sim, sim, B, MB, AB, exato, interessante, é mesmo, muito correto"* e se conter para não se pôr a gritar: *"Mais! mais!"*, ele que, no corredor do colégio, essa manhã, viu o "garoto" recopiar a todo vapor sua ficha de leitura em cima da do colega, ele que sabe por experiência que a maior parte das citações encontradas pelo caminho de certos sábios escritos saem de um dicionário específico, ele que compreende, logo numa primeira olhada, que os exemplos escolhidos ("vocês citarão exemplos tirados de suas experiências pessoais") vêm de leituras feitas por outros, ele em cujas orelhas ressoam ainda os gritos que provocou ao impor a leitura do próximo romance:

– O quê? Quatrocentas páginas, em quinze dias? Mas nós não vamos nunca chegar lá, professor!

– Tem o teste de matemática!

– E a dissertação de economia para entregar na semana que vem!

E ainda que conheça o papel que a televisão representa na adolescência de Matheus, de Leila, de Brigitte, de Nacib ou de Cedric, o professor aprova mais uma vez, com o vermelho de sua caneta, quando Cedric, Nacib, Brigitte, Leila ou Matheus afirmam que a tevê (*"nada de abreviações nas suas redações!"*) a inimiga Número

Um do livro – até mesmo o cinema se pensarmos bem – porque um e outro supõem a passividade mais amorfa, lá onde ler valoriza o ato responsável. (MB!)

Aqui, entretanto, o professor pousa a caneta, levanta os olhos como um aluno em devaneio e se pergunta – oh! para ele só – se certos filmes, afinal, não lhe deixaram lembranças comparáveis às de livros. Quantas vezes ele "releu" *Amarcord, Manhattan, Uma janela para o amor, A festa de Babette, Fanny e Alexandre*? Essas imagens lhe pareciam portadoras do mistério dos signos. É claro que essas não são proposições de um especialista – ele não conhece nada de sintaxe cinematográfica e não entende o léxico dos cinéfilos –, essas são apenas proposições de seus olhos, mas seus olhos lhe dizem claramente que há imagens cujo sentido não se esgota e cuja interpretação renova, a cada vez, a emoção, e mesmo imagens de televisão, sim: o rosto do velho filósofo Bachelard, há tempos, em *Lectures pour tous*... a mecha do igualmente filósofo Jankélévitch em *Apostrophes**... aquele gol decisivo numa grande partida.

Mas a hora passa. Ele retoma suas correções. (Quem descreverá, um dia, o que é a solidão do "corretor anônimo"?) A partir de umas tantas redações, as palavras começam a saltar ante seus olhos. Os argumentos têm tendência a se repetir. Ele começa a se enervar. É um breviário, o que recitam seus alunos: É preciso ler, é preciso ler! A interminável litania da palavra educativa: é preciso ler... quando cada uma das frases deles prova que eles não lêem nunca!

---

* *Lectures pour Tous e Apostrophes:* famosos programas de televisão dedicados aos livros, aos autores e à leitura. (N.T.)

30

— Mas por que é que você se põe nesse estado, meu querido? Seus alunos escrevem aquilo que você espera deles!

– Quer dizer?

– Que é preciso ler! O dogma. Você não estava esperando certamente encontrar um pacote de redações glorificando os autodafés, não?

– O que eu espero é que eles desliguem os seus walkmans e se ponham a ler de verdade!

– Nada disso... O que você espera é que eles apresentem boas fichas de leitura sobre romances que *você lhes impõe*, que "interpretem" corretamente os poemas de *sua* escolha, que no dia do exame analisem finamente os textos da *sua* lista, que "comentem" judiciosamente ou que "resumam" inteligentemente aquilo que o examinador lhes enfiará debaixo do nariz, nessa manhã... Mas nem o examinador, nem você, nem os pais aspiram verdadeiramente a que esses meninos leiam. Eles também não desejam o contrário, note bem. O que eles desejam é que eles se saiam bem nos seus estudos, ponto. É tudo. De resto, eles têm mais o que fazer. Além disso, Flaubert também tinha mais o que fazer. Se ele mandava Louise aos livros dela, era para que ela o deixasse em paz, o deixasse trabalhar tranqüilo sua Bovary, e que ainda não lhe fosse fazer um filho pelas costas. Essa é a verdade, você sabe muito bem. "Leia para viver", na pluma de Flaubert quando escrevia à Louise, queria dizer bem claro: "Leia para me deixar viver", você explicou isso aos seus alunos? Não? Por quê?

Ela sorri. Põe a mão sobre a dele:

– É preciso enfrentar, meu bem: *o culto do livro passa pela tradição oral.* E nisso você é mestre.

31

"*Não encontrei nada de estimulante nos cursos dispensados pelo Estado. Mesmo que a matéria do ensino fosse mais rica e mais apaixonante do que era na realidade, o pedantismo moroso dos professores bávaros me teria tirado o gosto do assunto mais interessante.*"...

"*Tudo que possuo de cultura literária adquiri fora da escola*"...

"*As vozes dos poetas se confundem na minha lembrança com as dos que me fizeram primeiro conhecê-los: há certas obras-primas da escola romântica alemã que não posso reler sem escutar novamente a entonação da voz emocionada e bem timbrada de Mielen. Durante todo o tempo em que, crianças, tínhamos dificuldade em ler sozinhos, ela cultivava o hábito de ler para nós.*"

(...)

"*E no entanto, escutávamos com reverência ainda maior a voz tranqüila do Mágico... Os autores preferidos dele eram os russos. Ele nos lia* Os cossacos *de Tolstói e as parábolas estranhamente infantis, de um didatismo simplista, de seu último período... Escutávamos histórias de Gogol e até mesmo uma obra de Dostoiévski – essa farsa inquietante intitulada* Uma história ridícula."

(...)

"Sem sombra de dúvida, as horas passadas no escritório de meu pai estimulavam não somente nossa imaginação, como também nossa curiosidade. Uma vez provados o encanto sedutor da grande literatura e o reconforto que ela nos oferece, gostaríamos de conhecer sempre mais – outras histórias ridículas e parábolas cheias de sabedoria, contos de múltiplas significações e estranhas aventuras. E é assim que se começa a ler por si mesmo ..."*

Assim falou Klaus Mann, filho de Thomas, o Mágico, e de Mielen, a de voz emocionada e bem timbrada.

---

* Klaus Mann, *The Turning Point* (N.Y. 1942). Autobiografia escrita originalmente em inglês. (N.T.)

32

Deprimente, de certo modo, essa unanimidade... Como se, das observações de Rousseau sobre a aprendizagem da leitura às de Klaus Mann sobre o ensino das Letras pelo Estado bávaro, passando pela ironia da jovem esposa do professor para chegar às lamentações dos alunos daqui e de agora, o papel da escola se limitasse, em toda parte e sempre, ao ensino de técnicas, ao dever do comentário, cortando o acesso imediato aos livros pela proscrição do prazer de ler. Parece estabelecido por toda a eternidade, em todas as latitudes, que o prazer não deva figurar nos programas das escolas e que o conhecimento não pode ser outra coisa senão fruto de um sofrimento bem-comportado.

Tudo isso é defensável, entende-se.

E não faltam argumentos.

A escola não pode ser uma escola do prazer, o qual pressupõe uma boa dose de gratuidade. Ela é uma fábrica necessária de saber que requer esforço. As matérias ensinadas são, ali, os instrumentos da consciência. Os professores encarregados dessas matérias são os iniciadores e não se pode exigir que eles proclamem a gratuidade da aprendizagem intelectual, quando tudo, absolutamente tudo na vida escolar – programas, notas, exames, classificações, ciclos, orientações, seções – afirma a finalidade competitiva da instituição, ela mesma impulsionada pelo mercado de trabalho.

Que o escolar, uma vez ou outra, encontre um professor cujo entusiasmo pareça considerar as matemáticas em si mesmas, que as ensine como uma das Belas Artes, que as faça serem apreciadas pela virtude de sua própria vitalidade, graças à qual o esforço se torna um prazer, tudo isso se deve ao acaso e não à disposição natural da Instituição.

É próprio dos seres vivos fazer amar a vida, mesmo sob a forma de uma equação de segundo grau, mas a vitalidade não esteve jamais inscrita no programa das escolas.

A função é que está lá.

A vida está em outro lugar.

Ler é algo que se aprende na escola.

Gostar de ler...

33

É preciso ler, é preciso ler...
E se, em vez de *exigir a leitura*, o professor decidisse de repente *partilhar* sua própria felicidade de ler?

A felicidade de ler? O que é isso, felicidade de ler?

Questões que pressupõem um bem conhecido cair em si mesmo, na verdade!

E para começar, vamos à confissão dessa verdade que vai radicalmente contra o dogma: a maior parte das leituras que nos formaram não foram feitas a favor, mas *contra*. Líamos, e lemos, como quem se protege, como uma recusa, como uma oposição. Se isso nos dá ares de fugitivos, se a realidade perde as esperanças de nos atingir por trás do amuleto que é nossa leitura, somos fugitivos ocupados em nos construir, desertores nascendo outra vez.

Cada leitura é um ato de resistência. De resistência a quê? A todas as contingências. Todas:

– Sociais.
– Profissionais.
– Psicológicas.
– Afetivas.
– Climáticas.
– Familiares.
– Domésticas.
– Gregárias.
– Patológicas.
– Pecuniárias.

– Ideológicas.
– Culturais.
– Ou umbilicais.

Uma leitura bem levada nos salva de tudo, inclusive de nós mesmos.

E, acima de tudo, lemos contra a morte.

É Kafka lendo contra os projetos mercantis do pai, é Flannery O'Connor lendo Dostoiévski contra a ironia da mãe ("*O idiota?* É bem seu mesmo, encomendar um livro com tal nome"), é Thibaudet lendo Montaigne nas trincheiras de Verdun, é Henri Mondor mergulhado no seu Mallarmé na França da Ocupação e do mercado negro, é o jornalista Kauffmann relendo infinitamente o mesmo volume de *Guerra e Paz* nas prisões de Beirute, é esse doente, operado sem anestesia, de que Valéry nos conta que *"encontrou um pouco de alívio, ou melhor, de descanso para suas forças e para sua paciência, recitando para si mesmo, entre dois extremos de dor, um poema de que gostava"*. E é também o testemunho de Montesquieu, cuja distorção pedagógica deu tinta para tantas redações: *"O estudo foi assim para mim o soberano remédio contra os desgostos, não tendo jamais existido tristeza que uma hora de leitura não me tivesse aliviado"*.

Mas é, mais cotidianamente, o refúgio do livro contra o crepitar da chuva, o silencioso ofuscamento das páginas contra a cadência do metrô, o romance escondido na gaveta da escrivaninha, a breve leitura do professor enquanto os alunos trabalham, e o aluno no fundo da sala lendo, disfarçado, esperando a hora de entregar a folha em branco...

34

Difícil ensinar as Belas Letras, quando a leitura requer, a tal ponto, recolhimento e silêncio!

Leitura, ato de comunicação? Mais uma bela piada dos comentaristas! Aquilo que lemos, calamos. O prazer do livro lido, guardamos, quase sempre, no segredo de nosso ciúme. Seja porque não vemos nisso assunto para discussão, seja porque, antes de podermos dizer alguma coisa, precisamos deixar o tempo fazer seu delicioso trabalho de destilação. E este silêncio é a garantia de nossa intimidade. O livro foi lido, mas estamos nele, ainda. Sua simples evocação abre um refúgio à nossa recusa. Ele nos preserva do Grande Exterior. Ele nos oferece um observatório plantado muito acima das paisagens contingentes. Lemos e calamos. Calamos *porque* lemos. Seria engraçado ver alguém emboscado nos esperando na virada de nossa leitura para nos perguntar: "Entããããão? É bom? Você entendeu? Relatório!"

Às vezes, é a humildade que comanda nosso silêncio. Não a gloriosa humildade dos analistas profissionais, mas a consciência íntima, solitária, quase dolorosa, de que essa leitura aqui, aquele autor acolá, vêm, como se diz, "mudar minha vida!".

Ou, então, uma outra ofuscação, de embargar a voz: como é que pode isso, que acaba de me perturbar a esse ponto, não ter modificado em nada a ordem do mundo? É possível que nosso século tenha sido aquilo que foi depois de Dostoiévski ter escrito *Os possessos*? De onde vêm Pol Pot e os outros, quando se imaginou o personagem de Piotr Verkhovenski? E o terror dos campos de concentração, se Tchekov escreveu *A ilha de Sakhalina*? Quem se iluminou à branca luz de Kafka, lá onde nossas piores evidências cortavam como placas de zinco? E então, mesmo quando acontecia e rolava o horror, quem escutou Walter Benjamin? E como é possível que, quando tudo terminou, a terra inteira não tenha lido *A espécie humana*, de Robert Antelme, nem que fosse para liberar o Cristo de Carlo Levi, definitivamente parado em Éboli?

Que os livros possam a esse ponto perturbar nossa consciência e deixar o mundo caminhar para pior, é de emudecer.

Silêncio, então...

Menos, é claro, para os fazedores de frases do poder cultural.

Ah! esses propósitos de salão, onde ninguém tem nada a dizer a pessoa alguma e a leitura passa para o plano de assuntos de conversa possíveis. O romance engolido como uma estratégia de *comunicação*! Tantos gritos silenciosos, tanta gratuidade obstinada para que um cretino vá se exibir para uma pretensiosa: "Como, você não leu nenhum livro de Céline?"

Há quem mate, por menos que isso.

35

E no entanto, se a leitura não é um ato de comunicação *imediata*, é, certamente, um objeto de partilhamento. Mas um partilhamento longamente retardado e violentamente seletivo.

Se fizéssemos o inventário das grandes leituras de que somos devedores à Escola, à Crítica, a todas as formas de publicidade ou, ao contrário, ao amigo, ao amante, ao camarada de classe, até mesmo à família – quando ela não coloca os livros no armário da educação –, o resultado seria claro: aquilo que lemos de mais belo deve-se, quase sempre, a uma pessoa querida. E é a essa mesma pessoa querida que falamos primeiro. Talvez porque, justamente, é próprio do sentimento, como do desejo de ler, *preferir*. Amar é, pois, fazer dom de nossas preferências àqueles que preferimos. E esses partilhamentos povoam a invisível cidadela de nossa liberdade. Somos habitados por livros e amigos.

Quando um ser querido nos dá um livro para ler, é a ele quem primeiro buscamos nas linhas: seus gostos, as razões que o levaram a nos colocar esse livro entre as mãos, os fraternos sinais. Depois é o texto que nos carrega e esquecemos aquele que nos mergulhou nele: toda a força de uma obra está, justamente, no varrer mais essa contingência!

Entretanto, com o passar dos anos, acontece que a evocação do texto traz a lembrança do outro; certos títulos se transformam, então, em rostos.

E, para se fazer justiça, nem sempre o rosto de uma pessoa amada, mas o de (oh! raramente) um certo crítico ou de um certo professor.

Assim, acontece comigo, com Pierre Dumayet, seu olhar, sua voz, seus silêncios que, no livro *Leitura para todos* de minha infância, diziam de todo seu respeito pelo leitor que, graças a ele, eu iria me tornar. Assim, acontece com esse professor cuja paixão pelos livros sabia encontrar todas as paciências e nos dar mesmo a ilusão do amor. Porque era preciso que ele nos distinguisse – ou que nos estimasse – a nós, seus alunos, para nos dar a ler aquilo que lhe era mais caro.

36

Na biografia que consagra ao poeta Georges Perros, Jean Marie Gibbal cita esta frase de uma estudante de Rennes, onde Perros ensinava:

"Ele (Perros) chegava desgrenhado pelo vento e pelo frio, em sua moto azul e enferrujada. Encurvado, numa japona azul-marinho, cachimbo na boca ou na mão. Esvaziava uma sacola de livros sobre a mesa. E era a vida."

Quinze anos mais tarde, a maravilhosa maravilhada ainda fala. O sorriso inclinado sobre a xícara de café, reflete, evoca lentamente as lembranças e então:

– Sim, era a vida: uma meia tonelada de livros, cachimbos, fumo, um exemplar dos jornais *France Soir* ou *l'Equipe*, chaves, carnês, recibos, uma vela de sua moto... Dessa desordem ele puxava um livro, nos olhava, começava com um riso que nos aguçava o paladar e se punha a ler. Ele caminhava, lendo, uma das mãos no bolso, a outra, a que segurava o livro, estendida, como se, lendo-o, ele o oferecesse a nós. Todas as suas leituras eram como dádivas. Não nos pedia nada em troca. Quando a atenção de um ou de uma entre nós esmorecia, parava de ler um segundo, olhava o sonhador e assobiava. Não era uma repreensão, era um alegre apelo à consciência. Ele não nos perdia nunca de vista. Mesmo do fundo de sua leitura, ele nos olhava por cima das linhas. Tinha uma voz sonora e clara, um pouco nasalada, que enchia perfeitamente o volume das salas de aula, como teria ocupado todo um anfiteatro, um teatro, o Champ de Mars, sem que jamais uma palavra fosse pronunciada mais alto que outra. Guardava, instintivamente, as dimensões do espaço e de nossos miolos. Ele era a caixa de ressonância natural de todos os livros, a encarnação do texto, o livro feito homem. Por sua voz, descobríamos de repente que aquilo tudo tinha sido escrito *para nós*. Essa descoberta surgia após uma interminável escolaridade em que o ensino das Letras nos havia mantido a uma respeitosa distância dos livros. O que fazia ele a mais do que os nossos outros professores? Não muito. Sob certos aspectos, fazia mesmo muito menos. Só que não nos entregava a literatura num conta-gotas analítico, ele a servia a nós em copos transbordantes, generosamente... E nós compreendíamos tudo que ele nos lia. Nós o escutávamos. Nenhuma explicação do texto seria mais luminosa do que o som da sua voz quando ele antecipava a intenção do autor, acentuava um subentendido, revelava uma alusão... Ele tornava impossível o contra-senso.

Absolutamente inimaginável, depois de tê-lo ouvido ler *A dupla inconstância*, continuar a falar mal do "marivaudage" e de vestir de rosa os bonecos humanos desse teatro da dissecação. Era num laboratório que a precisão da sua voz nos introduzia, era a uma vivissecção que nos convidava a lucidez de sua dicção. Ele, entretanto, nada acrescentava ao sentido e não fazia de Marivaux a antecâmara de Sade. Não importava, tínhamos a sensação de ver numa taça os cérebros de Arlequim e de Sílvia, como se fôssemos nós os laboratoristas dessa experiência.

Ele nos dava uma hora de curso por semana. Essa hora se parecia com sua mochila: uma mudança. Quando nos deixou no fim do ano, fiz as contas: Shakespeare, Proust,

Kafka, Vialatte, Strindberg, Kierkegaard, Molière, Beckett, Marivaux, Valéry, Huysmans, Rilke, Bataille, Gracq, Hardellet, Cervantes, Laclos, Cioran, Tchecov, Henri Thomas, Butor... cito-os na desordem e esqueço outros tantos. Em dez anos, eu não havia conhecido um décimo!

Ele nos falava de tudo, nos lia tudo, *porque não supunha que tivéssemos uma biblioteca na cabeça*. Seria má-fé a merecer grau zero. Ele nos tomava pelo que éramos, jovens colegiais incultos e que mereciam saber. E nada de patrimônio cultural, de segredos sagrados grudados nas estrelas; com ele, os textos não caíam do céu, ele os apanhava na terra e nos oferecia para ler. Tudo estava ali, em torno de nós, fremente de vida. Lembro da nossa decepção quando abordou os "grandes", aqueles de quem nossos professores haviam até mesmo falado, os raros que imaginávamos conhecer bem: La Fontaine, Molière... Em uma hora eles perderam a estatura de divindades escolares para se tornarem íntimos e misteriosos – isto é, indispensáveis. Perros ressuscitava autores. Levanta e caminha: de Apollinaire a Zola, de Brecht a Wilde, eles apareciam todos na nossa sala, bem vivos, como se tivessem saído de Chez Michou, o café em frente. Café onde às vezes nos oferecia um segundo tempo. Entretanto, não se fazia de professor-coleguinha, não era o seu gênero. Ele prosseguia simplesmente o que chamava de seu *"curso de ignorância"*. Com ele a cultura deixava de ser uma religião de Estado e o balcão de um bar era uma tribuna tão aceitável quanto um estrado de sala de aula. Nós mesmos, ao escutá-lo, não sentíamos vontade de entrar para uma religião, de tomar o hábito do saber. Nós tínhamos vontade de ler e pronto, era tudo. Quando ele se calava, esvaziávamos as livrarias de Renner e de Quimper. E quanto mais líamos, mais, em verdade, nos sentíamos ignorantes, sós sobre as praias de nossa ignorância, e face ao mar. Com ele, no entanto, não tínhamos medo de nos molharmos. Mergulhávamos nos livros, sem perder tempo em braçadas friorentas. Não sei quantos, entre nós, se tornaram professores... não muitos, sem dúvida, o que é uma pena, no fundo, porque fazendo de conta que não, ele nos legou uma bela vontade de transmitir. Mas de transmitir a todos os ventos. Ele, que não ligava nem um pouco para o ensino, sonhava brincando com uma universidade itinerante:

– Se passeássemos um pouco... se fôssemos encontrar Goethe em Weimar, xingar Deus com o pai de Kierkegaard, partir com *As noites brancas* sobre a perspectiva Nevski...

37

"A leitura, ressurreição de Lázaro, levanta a lápide das palavras."

GEORGE PERROS *(Echancrures)*

38

Esse professor não inculcava o saber, ele oferecia o que sabia. Era menos um professor do que um mestre trovador, um desses malabaristas de palavras que povoavam as hospedarias do caminho de Compostela e diziam canções de gesta aos peregrinos iletrados.

Como é preciso um começo para tudo, ele agrupava, a cada ano, seu pequeno rebanho em torno das origens orais do romance. Sua voz, como a dos trovadores, se endereçava a um público *que não sabia ler.* Ele abria os olhos. Acendia lanternas. Engajava sua gente numa estrada de livros, peregrinação sem fim nem certeza, caminhada do homem na direção do homem.

– O mais importante era o fato de que ele nos lia em voz alta! Essa confiança que ele estabelecia, logo no começo, em nosso desejo de compreender... O homem que lê em voz alta nos eleva à altura do livro. Ele se dá, verdadeiramente, a ler!

39

Em vez disso, nós, os que lemos e pretendemos propagar o amor pelo livro, nos preferimos com demasiada freqüência como comentaristas, intérpretes, analistas, críticos, biógrafos, exegetas das obras tornadas mudas pelo piedoso testemunho que apresentamos de sua grandeza. Presa na fortaleza de nossa competência, a palavra dos livros cede espaço à nossa palavra. Em lugar de deixar a inteligência do texto falar por nossa boca, nos remetemos à nossa própria inteligência e falamos do texto. Não somos os emissários do livro, mas os guardiões juramentados de um templo, cujas maravilhas exaltamos com as palavras que lhe cerram as portas: "É preciso ler, é preciso ler!"

40

É preciso ler: soa como declaração de princípio para os ouvidos adolescentes. Por mais brilhantes que sejam as demonstrações... nada mais do que uma declaração de princípio.

Aqueles entre os nossos alunos que descobriram o livro por outros meios continuarão simplesmente a ler. Os mais curiosos entre eles guiarão suas leituras pelos fanais de nossas explicações mais luminosas.

Entre aqueles que não lêem, os mais espertos saberão aprender, como nós, *a rodear o assunto*: serão excelentes na arte inflacionária do comentário (leio dez linhas, produzo dez páginas), na prática jívaro da ficha (percorro 400 páginas, reduzo a cinco), na pesca à citação judiciosa (nesses pequenos manuais de cultura congelada disponíveis em todos os comerciantes de sucessos), eles saberão manejar o escapelo da análise linear e se tornarão especialistas na sabida cabotagem por entre os "textos escolhidos" que leva seguramente ao vestibular, à graduação, mesmo à admissão aos concursos... mas não necessariamente ao amor pelos livros.

Sobram os outros alunos.

Aqueles que não lêem e que se aterrorizam logo cedo com as emanações do *sentido*.

Aqueles que se crêem burros...

Para sempre privados de livros...

Para sempre sem respostas...

E logo sem perguntas.

41

Sonhemos.

É a prova chamada *de aula* para o concurso de professor de Letras.

Tema da aula: *Os registros da consciência literária em* Madame Bovary.

A jovem candidata está sentada na sua carteira, muito abaixo dos seis membros da banca em bloco, lá no alto sobre o estrado. Para acrescentar à solenidade da coisa, digamos que isso se passa no grande anfiteatro da Sorbonne. Um odor de séculos e de madeira sagrada. O silêncio profundo do saber.

Um minguado público de parentes e amigos espalhados sobre os bancos do anfiteatro escuta seu coração, único, ritmar o medo da moça. Todas as imagens são vistas de baixo para cima e a jovem bem lá no fundo, esmagada pelo terror daquilo que lhe resta de ignorância.

Estalidos leves, tosses abafadas: é a eternidade que antecede a prova.

A mão trêmula da moça arruma as notas diante dela; ela abre sua partitura de saber: *Os registros da consciência literária em* Madame Bovary.

O presidente da banca (é um sonho, podemos dar a esse presidente uma toga vermelho-sangue, idade considerável, pequena estola de arminho e uma peruca em cachos, para acentuar suas rugas de granito), o presidente da banca, então, se debruça sobre a direita, levanta a peruca de seu colega e lhe murmura duas palavras ao ouvido. O assessor (mais jovem, a maturidade rosada e competente, mesma toga, mesma peruca) opina gravemente. Faz passar a mensagem a seu vizinho enquanto que o presidente murmura à esquerda. A aquiescência se propaga até as duas pontas da mesa.

Os registros da consciência literária em Madame Bovary. Perdida em suas anotações, assustada pela brusca desordem de suas idéias, a jovem não vê a banca se levantar, não vê a banca descer do estrado, não vê a banca se aproximar dela, não vê a banca cercá-la. Ela levanta os olhos para refletir e se encontra presa na rede de seus olhares. Deveria ter medo, mas está ocupada demais com o medo de não saber. A custo, se pergunta: o que estão eles fazendo, tão perto de mim? Volta a mergulhar em suas notas. *Os registros da consciência literária...* Ela perdeu o plano de sua aula. Um plano tão límpido, entretanto! O que foi que fez do plano de sua aula? Quem lhe dará as claras diretrizes de sua demonstração?

– Senhorita...

A moça não quer escutar o presidente. Ela procura e procura o plano de sua aula, desaparecido de repente no turbilhão do seu saber.

– Senhorita...

Ela procura e não acha. *Os registros da consciência em* Madame Bovary... Ela procura e acha todo o resto. Mas não o plano de aula. Nada de plano de aula.

– Senhorita, por favor...

É a mão do presidente que acaba de tocar seu braço? (E desde quando presidentes de banca de provas põem a mão sobre o braço dos candidatos?) E o que é essa súplica infantil, tão inesperada nessa voz? E o fato de que os assessores começam a se agitar em suas cadeiras (porque cada um trouxe sua cadeira e estão todos sentados à volta dela)... A moça levanta os olhos, afinal:

– Senhorita, por favor, deixe de lado os registros da consciência...

O presidente e seus assessores retiraram as perucas. Eles têm cabelos desarrumados de crianças pequenas, olhos muito abertos, uma impaciência de famintos:

– Senhorita, conte para nós *Madame Bovary*!

– Não! Não! Conte-nos, é melhor, o seu romance preferido!

– É, *A balada do café triste*. A senhorita que gosta tanto de Carson McCullers, conte-nos *A balada do café triste*!

– E depois, dê-nos a vontade de reler *A princesa de Clèves*, de Madame de Lafayette, hein?

– Dê-nos a vontade de ler, senhorita!

– Vontade verdadeira!

– Conte-nos *Adolphe*, de Benjamin Constant!

– Leia para nós *Dedalus*, de James Joyce, o capítulo dos óculos!

– Kafka! Qualquer coisa do seu *Diário*...

– Svevo! *A consciência de Zeno*!

– Leia-nos *O manuscrito encontrado em Saragoça*, de Jan Potocki!

– Os livros de sua preferência!

– *Ferdydurke*, de Gombrowicz!

– *Uma confraria de tolos*, de John Kennedy Toole!

– Não olhe o relógio, temos tempo!

– Por favor...

– Conte-nos!

– Senhorita...

– Leia para nós...

– *Os três mosqueteiros*, de Alexandre Dumas!

– *O Harlem é escuro*, de Chester Himes!

– *Jules e Jim,* de Henri-Pierre Roché!

– *A fantástica fábrica de chocolates*, de Roald Dahl!

– *O primo Basílio*, de Eça de Queiroz!

– *O príncipe de Motordu*, de Pef!

III

DAR A LER

42

Pegue-se uma classe adolescente, cerca de trinta e cinco alunos. Oh! não esses alunos cuidadosamente calibrados para atravessar bem depressa os altos pórticos das grandes escolas, não, os *outros*, aqueles que se fizeram despachar dos liceus do centro da cidade porque seus boletins não prometiam nada parecido com vestibular, nenhum vestibular mesmo.

É o começo do ano.

Eles levaram pau e encalharam aqui.

Bem nessa escola, aqui.

Diante desse professor.

"Encalharam" é a palavra. Rejeitados na praia, quando seus colegas de ontem seguiram ao largo, a bordo dos liceus-transatlânticos em partida para os grandes "cruzeiros". Carcaças abandonadas pela maré escolar. É assim que eles se descrevem, eles mesmos, na tradicional ficha de começo de ano:

Sobrenome, nome, data de nascimento...

Informações diversas:

"Sempre fui ruim em matemática"... "As línguas não me interessam"... "Não consigo me concentrar"... "Não sou bom para escrever"... "Tem vocabulário demais nos livros"... (sic! E isso, sic!)... "Não entendo nada de física"... "Sempre tirei zero em ortografia"... "Em história, podia ser, mas eu não guardo as datas"... "Acho que não estudo bastante"... "Não consigo compreender"... "Perdi muitas coisas"... "Gostaria de desenhar, mas não tenho mui-

to jeito"... *"Era difícil demais para mim"*... *"Não tenho memória"*... *"Não tenho base"*... *"Não tenho idéias"*... *"Não tenho palavras"*...

Acabados...

É assim que eles se definem.

Acabados antes de começar.

É claro que eles forçam um pouco a mão. É o gênero que o exige. A ficha individual, como o diário íntimo, contém em si a autocrítica: é preciso se denegrir por instinto. E depois, se desculpando por todos os lados, podemos nos colocar ao abrigo de muitas exigências. A escola lhes terá ensinado ao menos isso: o conforto da fatalidade. Nada de mais tranqüilizante que um zero perpétuo em matemática ou em ortografia: excluindo-se a eventualidade do progresso, suprimem-se os inconvenientes do esforço. E a confissão de que os livros contêm "vocabulário demais", quem sabe, pode nos pôr ao abrigo da leitura...

Entretanto, o retrato que esses adolescentes fazem de si mesmos não é homogêneo: eles não têm a cara do aluno vadio de testa estreita e queixo quadrado que imaginaria um mau cineasta ao ler seus telegramas autobiográficos.

Não, eles têm a cara múltipla da época deles: topete e botas para o roqueiro de plantão, grifes para o que sonha com as roupas, blusão de couro para o motoqueiro sem moto, cabelo longo ou à escovinha segundo as tendências familiares... Aquela menina lá flutua dentro da camisa do pai que bate nos joelhos rasgados de seus jeans, aquela outra se fez uma figura de viúva siciliana ("este mundo não me interessa mais"), enquanto que sua loura vizinha, ao contrário, investiu tudo na estética: corpo de pôster e cara de capa de revista, cuidadosamente glacial.

Apenas saídos da caxumba e da rubéola, ei-los já na idade em que se corre atrás das modas.

E como são grandes, em sua maioria! De tomar sopa na cabeça do professor! Portões, os meninos! E as meninas, que curvas já!

Parece, ao professor, que sua própria adolescência foi mais indefinida... mais magrelo, ele... Mercadoria mal-acabada do pós-guerra... leite enlatado do Plano Marshall... ele estava em reconstrução, o professor, como o resto da Europa...

Eles, eles têm caras de resultado.

A saúde e essa conformidade com a moda lhes dão um ar de maturidade que poderia intimidar. Os penteados deles, as roupas, os walkmans, as calculadoras, o léxico, essa reserva meio orgulhosa, deixam pensar mesmo que poderiam estar mais "adaptados" ao tempo deles do que o professor. Saber muito mais do que ele...

Muito mais sobre o quê?

Esse é o enigma de seus rostos, justamente...

Nada de mais enigmático do que um ar de maturidade.

Se não fosse um veterano, o professor poderia se sentir despossuído do presente do indicativo, um pouco brega... Somente que... já viu crianças e adolescentes em vinte anos de aula... uns três mil e tanto... viu passarem as modas... ao ponto mesmo de as ter visto voltar!

A única coisa que é imutável é o conteúdo da ficha individual. A estética da "ruína", em toda a sua ostentação: sou preguiçoso, sou burro, sou nulo, já tentei tudo, não vá se cansar, meu passado é sem futuro...

Enfim, não gostar de si mesmo. E pôr-se a clamá-lo, com uma convicção ainda infantil.

Estar entre dois mundos, resumindo. E ter perdido contato com os dois. Estar "ligado", claro, "cabeça fresca" (e como!), mas a escola "nos deixa mal", suas exigências nos "enchem o saco", não somos mais garotos, mas a gente "pena", na eterna espera de ser grande...

A gente queria ser livre e se sente abandonada.

43

E, bem entendido, a gente não gosta de ler. Vocabulário demais nos livros. Páginas demais, também. Para dizer tudo de uma vez, livros demais.

Não, decididamente, a gente não gosta de ler.

É, pelo menos, o que indica a floresta de dedos levantados quando o professor faz a pergunta:

– Quem é que não gosta de ler?

Uma certa provocação, mesmo, nessa quase unanimidade. Quanto aos raros dedos que não se levantam (entre outros o da Viúva Siciliana), é por decidida indiferença à pergunta feita.

– Bom, já que vocês não gostam de ler, sou eu que vou ler livros para vocês.

Sem pausa, abre a pasta e tira um livro grosso assim, um troço cúbico, verdadeiramente enorme, de capa plastificada. Tudo o que se pode imaginar de mais impressionante em matéria de livro.

– Vocês estão prestando atenção?

Eles não acreditam nos seus olhos, nem nos seus ouvidos. Esse tipo vai ler *tudo isso*? Mas a gente vai passar o ano assim! Perplexidade!... Uma certa tensão, mesmo... Isso não existe, um professor que se propõe a passar o ano a ler. Ou é um grande preguiçoso ou está escondendo o jogo. O malandro nos espia. E a gente vai acabar recebendo a lista diária de vocabulário, a permanente prestação de contas de leitura.

Eles se entreolham. Alguns, casualmente, põem uma folha diante de si e preparam as canetas, em alerta.

– Não, não, é inútil tomar notas. Escutem, é tudo.

Coloca-se agora o problema da *atitude*. Como é que vai postar-se um corpo numa sala de aula, se não tem mais o álibi da esferográfica e da folha em branco?

– Instalem-se confortavelmente, relaxem...

(Tem cada uma, ele... relaxem...)

Tomado pela curiosidade, Topete e Botas acaba por perguntar:

– O senhor vai ler esse livro todo... *em voz alta*?

– Eu não vejo muito bem como é que você ia poder me escutar se eu lesse em voz baixa...

Risada discreta. Mas a jovem Viúva Siciliana não engole essa, assim. Num murmúrio sonoro o bastante para ser escutado por todos, ela solta:

– Já passamos da idade.

Preconceito comumente propagado... principalmente entre aqueles a quem nunca se fez o verdadeiro presente de uma leitura. Os outros sabem que não há idade para esse tipo de delícia.

– Se em dez minutos ainda achar que passou da idade, você levanta o dedo e nós passamos a outra coisa, está bem?

– E o que é, em termos de livro? – pergunta Grifes, com um tom de quem já viu muita coisa.

– Um romance.

– Que conta o quê?

– Difícil dizer antes de ter lido. Bom, vocês estão prestando atenção? Fim das negociações. Vamos lá.

Eles estão... céticos, mas estão.

– Capítulo Um:

"No século dezoito viveu na França um homem que pertenceu à galeria das mais geniais e detestáveis figuras daquele século nada pobre em figuras geniais e detestáveis...".

44

"*Na época de que falamos, reinava nas cidades um fedor dificilmente concebível para nós, hoje. As ruas fediam a merda, os pátios fediam a mijo, as escadarias fediam a madeira podre e bosta de rato, as cozinhas a couve estragada e gordura de ovelha; sem ventilação, salas fediam a poeira, mofo; os quartos, a lençóis sebosos, a úmidos colchões de penas, impregnados do odor azedo dos penicos. Das chaminés fedia o enxofre, dos curtumes as lixívias corrosivas; dos matadouros fedia o sangue coagulado. Os homens fediam a suor e a roupas não lavadas; das bocas eles fediam a dentes estragados, dos estômagos fediam a cebola e, nos corpos, quando não eram mais bem novos, a queijo velho, leite azedo e a doenças infecciosas. Fediam os rios, fediam as praças, fediam as igrejas, fedia sob as pontes e dentro dos palácios. Fediam o camponês e o padre, o aprendiz e a mulher do mestre, fedia a nobreza toda, até o rei fedia como um animal de rapina e a rainha como uma cabra velha, tanto no verão quanto no inverno...*"*

---

* Patrick Süskind, *O perfume* (Record). Traduzido por Flávio Kohte. (N.T.)

45

Caro Senhor Süskind, obrigado! Suas páginas exalam um cheiro bom de tempero que dilata as narinas e os baços, fazendo rir. Jamais o seu *Perfume* teve leitores mais entusiastas que aqueles trinta e cinco, tão pouco dispostos a lê-lo. Passados os dez primeiros minutos, peço que acredite que a jovem Viúva Siciliana achava que o senhor tinha a idade dela. Era mesmo tocante ver todas as pequenas caretas que fazia para não deixar o riso sufocar a sua prosa. Grifes abria os olhos como os ouvidos e "chiu! cala essa boca!" logo que um dos colegas deixava transparecer sua hilaridade. Em torno da página trinta e dois, nessas linhas em que o senhor compara o seu Jean-Baptiste Grenouille, então pensionista de Madame Gaillard, a um percevejo em perpétua emboscada (o senhor sabe, "o solitário carrapato que fica escondido na árvore, cego, surdo e mudo, e só fareja, recolhido em si, a milhas de distância, o sangue dos animais que passam..."), bem nessas páginas, em que pela primeira vez se desce às profundezas úmidas de Jean-Baptiste Grenouille, Topete e Botas adormeceu, a cabeça entre os braços cruzados. Um sono honesto, de respiração regular. Não, não o acordem, nada melhor que um bom sono depois da cantiga de ninar, esse é mesmo o primeiro dos prazeres na ordem da leitura. Ele se tornou pequenino, Topete e Botas, todo confiante... e não cresce nem um pouco quando, soando a hora, diz num grito de voz forte e emocionada:

– Merda, eu dormi! E o que foi que aconteceu na casa da mãe Gaillard?

46

E obrigado também, senhores Márquez, Calvino, Stevenson, Dostoiévski, Saki, Amado, Gary, Fante, Dahl, Roché, vivos ou mortos! Nenhum, entre esses trinta e cinco refratários à leitura, esperou que o professor terminasse qualquer de seus livros para terminá-lo antes dele. Para que deixar para a próxima semana um prazer que se pode ter numa noite?

– Quem é, esse Süskind?
– Ele está vivo?
– O que mais que ele escreveu?
– Foi escrito em nossa língua, *O perfume*? Podia se dizer que foi. (Obrigado, obrigado, senhoras e senhores da tradução, luzes de Pentecostes, obrigado!)

E as semanas passando...

– Formidável, *Crônica de uma morte anunciada*! E *Cem anos de solidão,* professor, conta o quê?
– Oh! Fante, professor, Fante! *Pergunte ao pó*! É verdade que é terrivelmente engraçado!
– *Toda a vida pela frente*, Ajar... enfim, Gary... Super!
– Ele é demais, o Roald Dahl! A história da mulher que mata o homem dela com um golpe de pernil congelado e depois faz os caras da polícia comerem a peça de acusação me fez explodir de riso!

Que seja, que seja... as categorias críticas não estão ainda afinadas... mas isso virá... deixemos ler... isso virá...

– No fundo, professor, *O visconde partido ao meio*, *O médico e o monstro*, *O retrato de Dorian Gray* tratam

do mesmo assunto: o bem, o mal, o duplo, a consciência, a tentação, a moral social, todas essas coisas, não é?
– É, sim.
– Raskolnikov, a gente pode dizer que é um personagem "romântico"?
Como se vê, isso vem.

47

E no entanto, não aconteceu nada de milagroso. O mérito do professor é quase nenhum nesse caso. É que o prazer de ler estava bem perto, seqüestrado num desses sótãos adolescentes por um medo secreto: o medo (muito, muito antigo) de não compreender.

Eles tinham simplesmente esquecido o que era um livro, aquilo que ele tinha a oferecer. Tinham se esquecido, por exemplo, que um romance *conta antes de tudo uma história*. Não se sabia que um romance deve ser lido como um romance: saciando *primeiro* nossa ânsia por narrativas.

Para acalmar esse apetite, nos pusemos, faz tempo, diante da telinha que faz seu trabalho em cadeia, enfiandonos goela abaixo desenhos animados, seriados, novelas e aventuras num colar sem fim de estereótipos intercambiáveis: nossa ração de ficção. Isso enche a cabeça como se enche barriga: isto é, sacia, mas não fica no corpo. Digestão imediata. E depois nos sentimos tão sós quanto antes.

Com a leitura do *Perfume*, nos encontramos diante de Süskind: uma história, é certo, uma bela narrativa, engraçada e barroca, mas uma *voz* também, a de Süskind (mais tarde, numa dissertação, vamos chamar a isso de um "estilo"). Uma história, sim, mas contada por *alguém*.

– Incrível, esse começo, professor, "*os quartos fediam... as pessoas fediam... os rios fediam... as praças fediam, as igrejas fediam... o rei fedia...*", nós, a quem se proibia as repetições! E no entanto é bonito, hein? É engraçado, mas é bonito também, não?

Sim, o charme do estilo se acrescenta à felicidade da narrativa. Quando a última página é virada, é o eco dessa voz que nos faz companhia. E depois, a voz de Süskind, mesmo através do filtro duplo da tradução e da voz do professor, não é a de Márquez, "isso a gente nota logo!", ou a de Calvino. Daí vem essa impressão estranha de que, lá onde o estereótipo fala a mesma língua a todo o mundo, Süskind, Márquez e Calvino, falando cada um sua linguagem própria, falam só para mim, não contam sua história senão *para mim*, jovem Viúva Siciliana, Blusão de Couro sem moto, Topete e Botas, para mim, Grifes que já não confundo mais suas vozes e me autorizo preferências.

"Muitos anos mais tarde diante do pelotão de fuzilamento, o coronel Aureliano Buendía havia de recordar aquela tarde remota em que o pai o levou para conhecer o gelo. Macondo era então uma aldeia de vinte casas de barro e taquara, construídas à margem de um rio de águas diáfanas que se precipitavam por um leito de pedras polidas brancas e enormes como ovos pré-históricos..."*

– Eu conheço de cor, essa primeira frase de *Cem anos de solidão*! Com essas pedras, redondas como ovos pré-históricos...

(Obrigada, senhor Márquez, o senhor deu origem a um jogo que durou o ano todo: captar e guardar as primeiras frases ou passagens preferidas de um romance que nos agradou.)

– Eu, você sabe: gosto do começo de *Adolphe*, sobre a timidez: *"Eu não sabia que, mesmo com seu filho, meu pai era tímido e que muitas vezes, depois de ter esperado algum tempo um testemunho qualquer de afeição que sua frieza aparente parecia me interditar,*

---

* Gabriel García Márquez, *Cem anos de solidão* (Record). Traduzido por Eliane Zagury. (N.T.)

ele me deixava com os olhos molhados de lágrimas, e se queixava a outros que eu não o amava."

– Igual a meu pai e eu!

Ser insensível, face ao livro fechado. E agora nadar, alongando-se em suas páginas.

E claro que a voz do professor ajudou nessa reconciliação: economizando o esforço da decifração, desenhando claramente as situações, delineando o cenário, encarnando os personagens, sublinhando os temas, acentuando as tonalidades, fazendo, o mais claramente possível, seu trabalho de revelador fotográfico.

Mas bem depressa a voz do professor interfere: prazer parasita de uma alegria mais sutil.

– O senhor nos ajuda a ler, professor, mas eu fico contente, depois, ao me encontrar sozinho com o livro.

É que a voz do professor – narrativa oferecida – me reconciliou com a *escrita*, e, assim fazendo, me devolveu o gosto da minha secreta e silenciosa voz de alquimista, essa mesma que, alguns anos atrás, se maravilhava de que *mamãe* escrito no papel correspondesse, bela e formosa, à mamãe na vida real.

O verdadeiro prazer do romance está ligado à descoberta dessa intimidade paradoxal: o autor e eu... A solidão dessa escrita reclama a ressurreição do texto por minha própria voz, muda e solitária.

O professor não é, aqui, mais do que uma casamenteira. Quando é chegada a hora, é bom que ele saia de cena na ponta dos pés.

48

Além do temor de não compreender, uma outra fobia a vencer, para reconciliar esse pequeno mundo com a leitura, é a da duração.

O tempo da leitura: o livro visto como uma ameaça de eternidade.

Quando vimos *O perfume* sair da sacola do professor, acreditamos na aparição de um iceberg! (Especifiquemos que o professor em questão tinha – voluntariamente – escolhido uma edição de tipos grandes, paginação espaçada, vastas margens, um livro enorme aos olhos daqueles refratários à leitura, e que prometia um suplício interminável.)

Ora, eis que ele se põe a ler e *vemos* o iceberg se derreter nas mãos dele!

O tempo não é mais o tempo, os minutos escorrem em segundos, quarenta páginas são lidas e a hora já passou.

O professor faz quarenta à hora.

Quatrocentas páginas em dez horas. À razão de cinco horas de francês por semana, ele poderia ler 2.400 páginas num trimestre! 7.200 no ano escolar! Sete romances de 1.000 páginas! Em apenas cinco pequenas horas de leitura semanal!

Prodigiosa descoberta, que muda tudo! Um livro, feitas as contas, se lê depressa: em uma só hora de leitura por dia, durante uma semana, chego ao fim de um romance de 280 páginas! Que posso ler em apenas três dias, se gasto um pouco mais de duas horas! Duzentas e oitenta páginas em três dias! Quinhentas e sessenta em seis dias úteis. E se acontece do livro ser mesmo legal – "...*E o vento levou*, professor, é mesmo legal!"– e que a gente se ofereça quatro horas de lambuja no dia de domingo (é muito possível, no domingo o subúrbio de Topete e Botas cochila e os pais de Grifes o levam para se aborrecer no campo) e eis-nos com 160 páginas ganhas: total, 720 páginas!

Ou 540, se faço trinta à hora, média muito razoável.

E 360, se passeio a vinte à hora.

– 360 páginas durante a semana! E você?

Contem suas páginas, crianças, contem... os romancistas fazem o mesmo. É preciso vê-los, quando atingem a página 100! É o Cabo da Boa Esperança do romancista, a página cem! Ele abre uma pequena garrafa interior, dança uma discreta sarabanda, bufa como um cavalo de tração e, vamos lá, mergulha de novo no tinteiro para atacar a página 101. (Um cavalo de tração mergulhando num tinteiro, poderosa imagem!)

Contem suas páginas... Começamos por nos maravilharmos com o número de páginas lidas, depois vem o momento em que nos assustamos com o pouco que resta a ler. Não mais que 50 páginas! Vocês vão ver... Nada de mais delicioso do que essa tristeza: *Guerra e paz*, dois grossos volumes... e não mais que 50 páginas a ler.

A gente retarda, retarda, nada mais a fazer.

Natacha acaba por se casar com Pedro Bezukhov, e é o fim.

49

Sim, mas a qual fração de meu tempo disponível vou subtrair essa hora de leitura cotidiana? Aos colegas? À tevê? Às saídas? Às noites passadas com a família? A meus deveres?

Onde encontrar *o tempo para ler*?

Grave problema.

Que não é um só.

A partir do momento em que se coloca o problema do tempo para ler, é porque a vontade não está lá. Porque, se pensarmos bem, *ninguém jamais tem tempo para ler*. Nem pequenos, nem adolescentes, nem grandes. A vida é um entrave permanente à leitura.

– Ler? Queria muito, mas o trabalho, as crianças, a casa, não tenho mais tempo...

– Invejo você por ter tempo para ler! E por que é que essa aqui que trabalha, faz compras, cria filhos, dirige seu carro, ama três homens, vai ao dentista, muda na semana que vem, encontra tempo para ler, e esse casto celibatário que vive de rendas, não?

O tempo para ler é sempre um tempo roubado. (Tanto como o tempo para escrever, aliás, ou o tempo para amar.)

Roubado a quê?

Digamos, à obrigação de viver.

É sem dúvida por essa razão que se encontra no metrô – símbolo refletido da dita obrigação – a maior biblioteca do mundo.

O tempo para ler, como o tempo para amar, dilata o tempo para viver.

Se tivéssemos que olhar o amor do ponto de vista de nosso tempo disponível, quem se arriscaria? Quem é que tem tempo para se enamorar? E no entanto, alguém já viu um enamorado que não tenha tempo para amar?

Eu nunca tive tempo para ler, mas nada, jamais, pôde me impedir de terminar um romance de que eu gostasse.

A leitura não depende da organização do tempo social, ela é, como o amor, uma maneira de ser.

A questão não é saber se tenho tempo para ler ou não (tempo que, aliás, ninguém me dará), mas se me ofereço ou não à felicidade de ser leitor.

Discussão que Topete e Botas resume num slogan demolidor:

– O tempo para ler? Eu tenho no meu bolso!

À vista do livro que ele tira (um Jim Harrison, 10/18), Grifes aprova, pensativo:

– É, quando a gente compra um blusão, o importante é que os bolsos sejam do formato certo!

50

Ler um livro muito interessante pode ser *se atracar* a um livro, em gíria.

Em linguagem figurada um livro grosso é um tijolo.

Liberem-se essas ligações, o tijolo se transforma em nuvem.

51

Uma só condição para se reconciliar com a leitura: não pedir nada em troca. Absolutamente nada. Não erguer nenhuma muralha fortificada de conhecimentos preliminares em torno do livro. Não fazer a menor pergunta. Não passar o menor dever. Não acrescentar uma só palavra àquelas das páginas lidas. Nada de julgamento de valor, nada de explicação de vocabulário, nada de análise de texto, nenhuma indicação biográfica... Proibir-se completamente "rodear o assunto".

Leitura-presente.

Ler e esperar.

Não se força uma curiosidade, desperta-se.

Ler, ler e ter confiança nos olhos que se abrem, nas cabeças que se divertem, na pergunta que vai nascer e que vai puxar uma outra pergunta.

Se o pedagogo em mim fica chocado por não "apresentar a obra no seu contexto", persuada-se o dito pedagogo de que o único contexto que conta, por enquanto, *é o dessa classe*.

Os caminhos do conhecimento não terminam nessa classe: eles devem começar nela!

No momento, leio romances para um auditório *que acredita não gostar de ler*. Nada de sério se poderá ensinar enquanto eu não tiver dissipado essa ilusão, feito meu trabalho de casamenteiro.

A partir do momento em que esses adolescentes estejam reconciliados com os livros, eles vão percorrer voluntariamente o caminho que vai do romance ao autor, do autor à sua época e da história lida a seus múltiplos sentidos.

O importante é estar preparado.

Esperar firme a avalanche de perguntas.

– Stevenson é um inglês?

– Um escocês.

– Qual época?

– Século dezenove, sob o reinado da Rainha Vitória.

– Parece que ela reinou muito tempo, essa aí...

– 64 anos: 1837-1901.

– 64 anos!

– Ela reinava há 13 anos, quando Stevenson nasceu, e ele morreu 7 anos antes dela. Você tem 15 anos hoje, ela sobe ao trono e você vai ter 79 no fim do reinado dela! (Numa época em que a idade média de vida era de uns trinta anos.) E não foi uma rainha das mais divertidas.

– É por causa disso que Hyde nasceu de um pesadelo!

O comentário é da Viúva Siciliana. Grande espanto de Grifes:

– E como é que você sabe disso, você?

A Viúva, enigmática:

– A gente se informa...

E depois, com um sorriso discreto:

– Posso mesmo te dizer que era um alegre pesadelo. Quando Stevenson acordou, foi se fechar no escritório e redigiu em dois dias a primeira versão do livro. A mulher dele o fez queimar, imediatamente, pois ele se sentia à vontade demais na pele de Hyde, pilhando, violando, cortando a garganta de tudo que se mexe. A rainha gorda não ia gostar. Então, ele inventou Jekyll.

52

Mas ler em voz alta não é suficiente, é preciso *contar* também, oferecer nossos tesouros, desembrulhá-los na praia ignorante. Escutem, escutem e vejam como é bom ouvir uma *história*.

Não há melhor maneira de abrir o apetite de um leitor do que lhe dar a farejar uma orgia de leitura.

De Georges Perros, a estudante encantada dizia também:

– Ele não se contentava em ler. Ele nos contava. Ele nos contava *Dom Quixote*! *Madame Bovary*! Enormes pedaços de inteligência crítica, mas que nos servia primeiro como simples histórias. Sancho, na boca dele, era uma outra vida e o Cavaleiro da Triste Figura, um grande feixe de ossos armado de certezas atrozmente dolorosas! Emma, tal como nos contava, não era apenas uma idiota gangrenada pela "poeira dos gabinetes de leitura", mas um depósito de energia fenomenal, e era Flaubert que escutávamos, pela voz de Perros, em seu sarcasmo diante desse amontoado de desperdício que é Hénaurme!

Caras bibliotecárias, guardiãs do templo, é uma felicidade que todos os títulos do mundo tenham encontrado seus estojos na perfeita organização de vossas memórias (como iria encontrá-los sem vós, eu, cuja memória parece mais um terreno baldio?), é prodigioso que estejais em dia com todas as temáticas ordenadas nas estantes que vos circundam... mas como seria bom também vos escutar contar vossos romances preferidos aos visitantes perdidos na floresta de leituras possíveis... como seria lindo se lhes rendêsseis a homenagem de vossas melhores lembranças de leitura! Contadoras, sejam mágicas, e os livros saltarão de suas prateleiras nas mãos do leitor.

E é tão simples contar um romance. Bastam três palavras, às vezes.

Lembrança de infância e de verão. Hora da sesta. O irmão mais velho deitado de bruços na cama, queixo entre as palmas das mãos, mergulhado num enorme *livro de bolso*. O pequeno, como quem não quer nada: "O que é que você está lendo?"

O GRANDE: *As chuvas chegaram.*
O PEQUENO: É bom?
O GRANDE: Demais!
O PEQUENO: O que que ele conta?
O GRANDE: É a história de um cara: no começo, ele bebe muito uísque, no fim ele bebe muita água!

Não precisei de grande coisa para passar o fim desse verão molhado até os ossos por *As chuvas chegaram*, do senhor Louis Bromfield, furtado a meu mano, que não o terminou nunca.

53

Tudo isso é muito bonito, Süskind, Márquez, Dostoiévski, Fante, Chester Himes, Lagerlöf, Calvino, todos esses romances lidos na desordem e sem contrapartida, todas essas histórias contadas, esse anárquico festim de leitura pelo prazer da leitura... mas e o programa, bom Deus, o *Programa*! As semanas correm e o programa ainda não foi tocado. Terror do ano que passa, espectro do programa inacabado...

Nada de pânico, o programa será *tratado*, como se diz dessas árvores que dão frutos calibrados.

Contrariamente ao que imaginava Topete e Botas, o professor não vai passar o ano todo lendo. Que pena! Que pena! Por que é preciso que se desperte assim tão depressa o prazer da leitura silenciosa e solitária? Mal ele começa um romance em voz alta, é um precipitar-se nas livrarias para se obter a seqüência, antes da aula seguinte. Basta que conte duas ou três histórias "...o fim não, professor, não conte o fim!"... para que sejam devorados os livros que escolheu.

(Unanimidade da qual não se deve abusar. Não, não, o professor não vem, com um golpe de vara mágica, metamorfosear em leitores 100% de refratários ao livro. Nesse começo de ano todo o mundo lê, é certo, medo vencido, lê-se sob o efeito do entusiasmo, do espírito de imitação. Talvez mesmo, quer ele queira quer não, lê-se para agradar ao professor... o qual, aliás, não deve dormir sobre as brasas... nada esfria mais depressa que um ardor, ele já viveu várias vezes a experiência! Mas no momento lê-se unanimemente, sob a influência desse coquetel, a cada vez especial, que faz com que uma classe confiante *se comporte* como um só indivíduo, conservando suas trinta individualidades distintas. Isso não significa que, uma vez adulto, cada um desses alunos vá "gostar de ler". Outros prazeres irão se sobrepor, talvez, ao prazer do texto. Vale saber que, nessas primeiras semanas do ano, o ato de ler – o famoso "ato de ler"! – não aterroriza mais ninguém e que se lê, às vezes, muito depressa.)

E o que têm esses romances, afinal, para serem lidos assim depressa? Fáceis de ler? O que quer dizer "fácil de ler"? Fácil de ler *A lenda de Gosta Berling*? Fácil de ler *Crime e castigo*! Mais fáceis do que *O estrangeiro*, que *O vermelho e o negro*? Não, mas eles têm, justamente, *porque não estão no programa*, uma qualidade inestimável para os coleguinhas da Viúva Siciliana, prontos a qualificar de "chata" toda obra escolhida pelo magistério para o crescimento racional da cultura deles. Pobre "programa". É claro que o programa não existe a troco de nada, o tal programa. (Rabelais, Montaigne, La Bruyère, Montesquieu, Verlaine, Flaubert, Camus "chatos"? Não, nem brincando...) Mas não há como o medo para tornar "chatos" os textos do programa. Medo de não entender, medo de responder errado, medo do outro, vigiando, por cima do texto, medo do francês, visto como matéria opaca; nada mais do que isso para embaralhar as linhas, para afogar o sentido no leito da frase.

Grifes e Blusão de Couro são os primeiros a se espantar quando o professor anuncia que *O apanhador no campo de centeio*, de Salinger, com que acabam de se deliciar, não agrada a seus condiscípulos americanos pelo simples fato de fazer parte do programa deles. É possível que um Blusão de Couro texano esteja oferecendo, secretamente, *Madame Bovary* enquanto seu professor se cansa de tentar lhe vender Salinger!

Aqui (pequeno parênteses) intervenção da Viúva Siciliana:

– Um texano que lê, professor, isso não existe.
– Ah! É? E de onde você tira isso?
– *De Dallas*. O senhor já viu um só personagem de *Dallas* com um livro na mão?

(Fechemos parênteses.)

Em resumo, planando por todas as leituras, viajando sem passaporte pelas obras estrangeiras (sobretudo estrangeiras: esses Ingleses, esses Italianos, esses Russos, esses Americanos têm a esperteza de se manter longe do "programa"), os alunos, reconciliados com *o que se lê*, se aproximam, em círculos concêntricos, das obras que *são para ler*, e logo nelas mergulham, como se não fosse nada de mais, pela simples razão de *A princesa de Clèves* ter se tornado um romance "como um outro", tão bom quanto qualquer outro... (Mais bela que todas, até, essa história de um amor protegido do amor, tão curiosamente familiar a essa adolescência moderna, que se pretende, um pouco depressa demais, submissa às fatalidades consumistas.)

Cara Madame de Lafayette.
Caso a notícia possa vos interessar, sei de uma certa classe de segundo ano reputada como pouco "literária" e passavelmente "dissipada" em que vossa Princesa de Clèves foi elevada ao hit parade de tudo que foi lido este ano.

O programa será seguido e, então, as técnicas de dissertação, de análise de texto (belos *esquemas*, tão *metódicos*), de composição crítica, de resumo e de discussão serão devidamente transmitidas, e toda essa mecânica funcionará perfeitamente, pelo bem de fazer chegar às instâncias competentes, no dia do exame, que não nos contentamos em ler para nos distrair, mas para compreender também, nos empenhamos no famoso *esforço de compreender*.

A questão de saber o que foi que "compreendemos" (questão final) não é sem interesse. Compreendido o texto? Sim, sim, é claro... mas compreendido sobretudo que, uma vez reconciliados com a leitura, o texto perdendo seu *foro de enigma* paralisante, nosso esforço de apreender o sentido torna-se um prazer; uma vez vencido o medo de não entender, as noções de esforço e de prazer trabalham fortemente uma em favor da outra, meu esforço, aqui, garantindo o crescimento de meu prazer e o prazer de entender me mergulhando até a embriaguez na ardente solidão do esforço.

E entendemos uma outra coisa, também. Com uma pequena dose de divertimento, entendemos "como a coisa funciona", entendemos a arte e a maneira de "rodear o assunto", de se fazer valer no mercado dos exames e dos concursos. Inútil esconder, esse é um dos objetivos da operação. Em matéria de exame e de emprego, "entender" é entender o que se espera de nós. Um texto "bem compreendido" é um texto inteligentemente negociado. São os dividendos dessa negociação que o jovem candidato busca no rosto do examinador quando lança um olhar de soslaio depois de lhe ter servido uma interpretação audaciosa – mas não demasiado audaciosa – de um alexandrino com reputação de enigmático. ("Ele está com um ar contente, vou continuar por esse caminho, ele vai me levar direto à menção honrosa.")

Desse ponto de vista, uma escolaridade literária bem conduzida valoriza tanto a estratégia quanto a boa inteligência do texto. E um "mau aluno" é, mais freqüentemente do que se acredita, um menino tragicamente desprovido de aptidões táticas, que, no pânico de não poder nos fornecer aquilo que esperamos dele, se põe logo a confundir escolaridade e cultura. Deixado por conta da escola, ele se crê bem depressa um pária da leitura. Imagina que "ler" é em si mesmo um ato de elite e se priva de livros por toda a vida por não ter sabido falar deles quando lhe era perguntado.

Existe, então, ainda outra coisa a se "compreender".

54

Resta "compreender" que os livros não foram escritos para que meu filho, minha filha, os jovens os comentem, mas para que, *se o coração* lhes mandar, eles os leiam.

Nosso saber, nossa escolaridade, nossa carreira, nossa vida social são uma coisa. Nossa intimidade de leitor, nossa cultura são outra. É muito bom fabricar bacharéis, graduados, pós-graduados e administradores classe A,* a sociedade demanda e isso não se discute... mas muito mais essencial é abrir a todos as páginas de todos os livros.

Ao longo de toda a aprendizagem, fazemos da glosa e do comentário um dever para os escolares e os estudantes de segundo grau, e as modalidades desse dever os assustam de tal modo que chegam a privar um grande número deles da companhia dos livros. Nosso fim de século não acomoda muito as coisas: o comentário reina absoluto, chegando ao ponto, com freqüência, de nos esconder, longe da vista, o objeto comentado. Esse zumbido que cega carrega um nome delinqüente: comunicação...

Falar de uma obra aos adolescentes e exigir deles que falem dela pode se revelar muito útil, mas não é um fim em si mesmo. O fim é a obra. A obra nas mãos deles. E o primeiro de seus direitos, em matéria de leitura, é o direito de se calar.

---

* Referência aos diplomados da École Nationale d'Administration, que prepara para as carreiras superiores da administração, na França. (N.T.)

55

Nos primeiros dias do ano escolar, me acontece de pedir a meus alunos que descrevam uma biblioteca. Não uma biblioteca municipal, não. O móvel. Aquele onde arrumo meus livros. E é um muro que eles me descrevem. Uma falésia de saber, rigorosamente ordenada, absolutamente impenetrável, uma parede que só se pode contornar.

– E um leitor? Descrevam-me um leitor.
– Um verdadeiro leitor?
– Se assim vocês quiserem, se bem que eu não saiba o que é que vocês chamam de um verdadeiro leitor.

Os mais "respeitosos" entre eles me descrevem Deus Pai, ele mesmo, uma espécie de eremita antediluviano, sentado desde a eternidade sobre uma montanha de livros dos quais ele teria sugado o sentido até compreender o porquê de todas as coisas. Outros me desenham o retrato de um autista profundo, tão absorvido pelos livros que esbarra contra todas as portas da vida. Outros ainda me fazem o retrato inverso, se apegando a enumerar tudo aquilo que um leitor não é: não é esportivo, não é vivo, não é engraçado, não encara um "rango", nem roupas, nem "máquinas", nem tevê, nem amigos... e outros, enfim, com mais estratégia, constroem diante do professor a estátua acadêmica do leitor consciente dos meios postos à sua disposição pelos livros para aumentar seu saber e aguçar sua lucidez. Alguns misturam esses diferentes registros, mas nenhum, nenhum só, se descreve a si mesmo nem descreve um membro de sua família ou um desses inúmeros leitores com que eles cruzam todos os dias no metrô.

E quando lhes peço para me descrever "um livro", é um OVNI que pousa na sala: objeto misterioso, praticamente indescritível, dada a inquietante simplicidade de suas formas e a proliferante multiplicidade de suas funções, um "corpo estranho", carregado de todos os poderes e de todos os perigos, objeto sagrado, infinitamente cuidado e respeitado, arrumado com gestos de celebrante nas prateleiras de uma biblioteca impecável, para ser venerado por uma seita de admiradores de olhar enigmático.

O Santo Graal.

Bem.

Tentemos dessacralizar um pouco essa visão do livro que lhes enfiamos na cabeça, com uma descrição mais "realista" da maneira como tratamos nossos livros, nós, os que gostamos de ler.

56

Poucos objetos despertam, como o livro, o sentimento da absoluta propriedade. Caídos em nossas mãos, os livros se tornam nossos escravos – escravos, sim, porque de matéria viva, mas escravos que ninguém pensaria em libertar, porque feitos de folhas mortas. Como tal, são submetidos aos piores tratamentos, frutos dos amores mais loucos ou de terríveis furores. E que eu te dobre os cantos das páginas (oh! que ferida, cada vez, essa visão da página dobrada! "mas é pra saber onde eu estooooooooou!") e que te ponha minha xícara de café sobre a capa, essas auréolas, esses relevos de farelos, essas manchas de óleo solar... e que eu deixe um pouco por toda parte a impressão do meu polegar, aquele que enche meu cachimbo enquanto leio... e essa obra encadernada secando vergonhosamente sobre o radiador depois de ter caído no seu banho (*"seu banho, minha querida, mas meu Swift!"*) e essas margens rabiscadas de comentários felizmente ilegíveis, esses parágrafos aureolados de marcadores *fluorescentes*... esse livro definitivamente enfermo por ter ficado uma semana inteira dobrado sobre a lombada, esse outro pretensamente protegido por uma imunda capa de plástico transparente com reflexos petrolíferos... essa cama desaparecendo sob uma banquisa de livros espalhados como pássaros mortos... essa pilha de livros de bolso abandonados à umidade de sótão... esses infelizes livros da infância que ninguém mais lê, exilados numa casa no campo onde ninguém mais vai... e todos esses outros, sobre o cais, vendidos como saldo aos revendedores de escravos...

Tudo, nós submetemos os livros a tudo. Mas é só a maneira como *os outros* os maltratam que nos entristece.

Não faz muito tempo, vi, com meus próprios olhos, uma leitora jogar um enorme romance pela janela de um carro rodando em alta velocidade: raiva por ter pago tão caro, na fé de críticos tão competentes, e por estar tão decepcionada. O pai do romancista Tonino Benacquista chegou até mesmo a *fumar* um Platão inteiro. Prisioneiro de guerra numa parte qualquer da Albânia, um resto de fumo no fundo do bolso, um exemplar do *Cratyle* (vai saber o que fazia lá?), um fósforo... e crac! uma nova maneira de dialogar com Sócrates... por sinais de fumaça!

Outro feito da mesma guerra, mais trágico ainda: Alberto Moravia e Elsa Morante, obrigados a se refugiar durante muitos meses numa cabana de pastor, só tinham podido salvar dois livros, a *Bíblia* e *Os irmãos Karamazov*. Daí um terrível dilema: qual dos dois monumentos utilizar como papel higiênico? Por cruel que seja, uma escolha é uma escolha. Com a morte na alma, eles escolheram.

Não, por mais sagrado que seja o discurso em torno dos livros, ainda não nasceu aquele que impedirá Pepe Carvalho, o personagem preferido do espanhol Manuel Vasquez Montalban, de acender, a cada noite, um bom fogo com as páginas de suas leituras preferidas.

É o preço do amor, o resgate da intimidade.

Desde que um livro caia em nossas mãos, ele é *nosso*, exatamente como dizem as crianças: "É *meu* livro"... parte integrante de mim mesmo. É sem dúvida a razão pela qual dificilmente devolvemos os livros que nos emprestam. Não é exatamente um roubo... (não, não, não somos ladrões, não...), digamos, um deslizamento de propriedade, ou melhor, uma transferência de substância: o que era do outro sob os olhos dele torna-se meu enquanto meus olhos o devoram e, palavra, se gostei do que li, sinto certa dificuldade em "devolvê-lo".

Falo, aqui, da maneira como nós, os particulares, tratamos os livros. Mas os profissionais não fazem melhor. E que eu corte o papel rente às palavras para que minha coleção de bolso seja mais rentável (texto sem margem, de letras espremidas pela compactação) ou que faça inchar como uma bexiga esse pequeno romance, para fazer o leitor acreditar que está gastando bem seu dinheiro (texto afogado, frases estonteadas por tanta brancura) e que cole "capas" do tipo "cheguei" cujas cores e títulos enormes gritam a cento e cinqüenta metros: "Você me leu? você me leu?" E que eu fabrique exemplares do Círculo do Livro em papel esponjoso e capa cartonada, recheado de ilustrações debilóides, e que pretenda fabricar "edições de luxo", sob o pretexto de que ilumino um falso couro com uma orgia de dourados...

Produto de uma sociedade superconsumista, o livro é quase tão cuidado quanto um frango engordado com hormônios e muito menos que um míssil nuclear. O frango com hormônios de crescimento instantâneo não é, aliás, uma comparação gratuita, se a aplicamos a esses milhões de livros "de circunstância" que se encontram escritos em uma semana sob o pretexto de que, naquela semana, a rainha bateu as botas ou o presidente perdeu seu lugar.

Visto desse ângulo, o livro, então, não é nem mais nem menos que um objeto de consumo e tão efêmero quanto outro qualquer: imediatamente destruído se não vende, ele morre muitas vezes sem ter sido lido.

Quanto à maneira como a Academia trata os livros, seria bom perguntar aos autores o que eles pensam. Eis o que escreveu Flannery O'Connor no dia em que ficou sabendo como faziam os estudantes trabalhar sobre sua obra:

"Se os professores têm, hoje em dia, por princípio, atacar uma obra como se se tratasse de um problema de pesquisa para o qual toda resposta é um caso, desde que não seja evidente, tenho medo de que os estudantes não descubram nunca o prazer de ler um romance..."

57

Assim acontece com o "livro".

Passemos ao leitor.

Porque, ainda mais instrutivas que nossas maneiras de tratar nossos livros, são *nossas maneiras de lê-los*.

Em matéria de leitura, nós, os "leitores", nos concedemos todos os direitos, a começar pelos que recusamos a essa gente jovem que pretendemos iniciar na leitura.

1) O direito de não ler.
2) O direito de pular páginas.
3) O direito de não terminar um livro.
4) O direito de reler.
5) O direito de ler qualquer coisa.
6) O direito ao bovarismo.
7) O direito de ler em qualquer lugar.
8) O direito de ler uma frase aqui e outra ali.
9) O direito de ler em voz alta.
10) O direito de calar.

Fico, arbitrariamente, com o número 10, primeiro porque faz conta redonda, depois porque é o número sagrado dos famosos Mandamentos e é agradável vê-lo, por uma vez que seja, servir a uma lista de autorizações.

Porque se quisermos que filho, filha, que os jovens leiam, é urgente lhes conceder os direitos que proporcionamos a nós mesmos.

IV

O QUE LEMOS, QUANDO LEMOS

(ou os direitos imprescritíveis do leitor)

1

O direito de não ler

Como toda enumeração de "direitos" que se preze, esta dos direitos à leitura deveria começar pelo direito de não ser usado – no caso, o direito de não ler –, sem o que não se trataria de uma lista de direitos, mas de uma viciosa armadilha.

A maior parte dos leitores se concede cotidianamente o direito de não ler. Sem macular nossa reputação, entre um bom livro e um telefilme ruim, o segundo muitas vezes ganha, mesmo que preferíssemos confessar ser o primeiro. Além disso, não lemos continuamente. Nossos períodos de leitura se alternam muitas vezes com longas dietas, onde até a visão de um livro desperta os miasmas da indigestão.

Mas o mais importante vem agora.

Estamos cercados de uma quantidade de pessoas respeitáveis, às vezes diplomadas, às vezes "eminentes" – entre as quais algumas possuem mesmo belas bibliotecas –, mas que não lêem, ou lêem tão pouco que não nos viria jamais a idéia de lhes oferecer um livro. Elas não lêem. Seja porque não sintam necessidade, seja porque tenham coisas demais para fazer (o que dá no mesmo, é que essas outras coisas as obturam ou as obnubilam), seja porque alimentem um outro amor e o vivenciem de maneira absolutamente exclusiva. Enfim, essa gente não gosta de ler. Nem por isso elas são menos freqüentáveis, são mesmo muito agradáveis de se freqüentar. (Pelo menos não perguntam à queima-roupa nossa opinião sobre o último livro que lemos, nos livram de suas reservas irônicas sobre nosso romancista preferido e não nos consideram como alienados por não nos termos precipitado sobre o último Tal, que acaba de sair pela Editora Coisa e ao qual o crítico Duchmole fez os maiores elogios.) Elas são tão "humanos" quanto nós, perfeitamente sensíveis às desgraças do mundo, atentos aos "direitos humanos" e preocupados em respeitá-los dentro da sua esfera de influência pessoal, o que já é muito. Mas elas não lêem. Direito delas.

A idéia de que a leitura "humaniza o homem" é justa no seu todo, mesmo se ela padece de algumas deprimentes exceções. Tornamo-nos um pouco mais "humanos", entenda-se aí por um pouco mais solidários com a espécie (um pouco menos "animais"), depois de termos lido Tchekhov.

Mas evitemos vincular a esse teorema o corolário segundo o qual todo indivíduo que não lê poderia ser considerado, em princípio, como um bruto em potencial ou um absoluto cretino. Nesse caso, faremos a leitura passar por *obrigação moral*, o que é o começo de uma escalada que nos levará em seguida à "moralidade" dos livros, em função de critérios que não terão qualquer respeito por essa outra liberdade inalienável: a liberdade de criar. E então os brutos seremos nós, por mais "leitores" que sejamos. E sabe Deus que não faltam brutos dessa espécie no mundo.

Em outras palavras, *a liberdade de escrever não saberia se acomodar com o dever de ler.*

O dever de educar consiste, no fundo, no ensinar as crianças a ler, iniciando-as na Literatura, fornecendo-lhes meios de julgar livremente se elas sentem ou não a "necessidade de livros". Porque, se podemos admitir que um indivíduo rejeite a leitura, é intolerável que ele seja rejeitado por ela.

É uma tristeza imensa, uma solidão dentro da solidão, ser excluído dos livros – inclusive daqueles que não nos interessam.

2

O direito de pular páginas

Li *Guerra e paz*, pela primeira vez, aos doze ou treze anos (mais certo treze, estava no princípio do quinto ano e nem um pouco avançado). Desde o começo das férias, as grandes, via meu irmão (aquele mesmo de *As chuvas chegaram*) mergulhado num enorme romance, e seus olhos voavam longe, longe como os de um explorador que tenha, faz tempo, perdido contato com a terra natal.

– É tão legal assim?
– Formidável!
– O que é que ele conta?
– É a história de uma garota que gosta de um cara e que se casa com um terceiro.

Meu irmão sempre teve o dom da síntese. Se os editores o contratassem para redigir seus textos de "quarta capa" (essas patéticas exortações a ler que são coladas nas costas dos livros) nos pouparíam algumas conversas fiadas inúteis.

– Você me empresta?
– Te dou.

Eu era interno, era um presente inestimável. Dois grossos volumes que me aqueceriam durante todo o trimestre. Cinco anos mais velho, meu irmão não era completamente idiota (e nunca foi) e sabia com toda a pertinência que *Guerra e paz* não poderia ser reduzido a uma história de amor, por mais elaborada que fosse. Apenas, conhecia meu gosto pelos incêndios do sentimento e sabia arranhar minha curiosidade, pela formulação enigmática de seus resumos. (Um "pedagogo", avaliaria meu coração.) Acredito que foi bem o mistério matemático da frase dele que me fez temporariamente abandonar meus livros de aventuras para me atirar inteiro nesse romance. "Uma garota que gosta de um cara e que se casa com um *terceiro*"... não vejo quem pudesse resistir. Na verdade, não fiquei decepcionado, se bem que ele tivesse se enganado nas contas. Na realidade, éramos quatro a amar Natacha: o príncipe André, o crápula do Anatole (mas pode-se chamar isso de amor?), Pedro Bezukhov e eu. Como não tinha a menor chance, fui obrigado a me "identificar" com os outros. (Mas não com Anatole, um verdadeiro canalha!)

Leitura ainda mais gostosa porque feita à noite, à luz de uma lanterna de bolso e debaixo de cobertas arrumadas como uma tenda no meio de um dormitório de cinqüenta sonhadores, roncadores e outros tantos revoltosos. A cabina do bedel de onde escorria a luz fraca de uma lâmpada ficava ali mesmo, mas o quê, em amor é sempre tudo pelo tudo. Sinto ainda a espessura e o peso desses dois volumes entre as mãos. Era a versão de bolso, com o rostinho lindo de Audrey Hepburn fazendo um olhar de desdém para o principesco Mel Ferrer, pálpebras pesadas de rapace amoroso. Pulei três quartos do livro porque só me interessava pelo coração de Natacha. Fiquei com pena de Anatole, apesar de tudo, quando lhe amputaram a perna, maldisse aquele idiota do príncipe André, que ficou em pé na frente daquela bomba na batalha de Borodino... ("Mas deita, merda!, fica de barriga pra baixo, isso vai explodir, você não pode fazer isso com ela, ela te ama!") Me interessei pelo amor e pelas batalhas, pulei os assuntos de política e estratégia... As teorias de Clausewitz passavam muito acima da minha cabeça, puxa!, deixei de lado as teorias de Clausewitz... Acompanhei de perto as decepções conjugais de Pedro Bezukhov e Helena, a mulher dele ("nada legal", a Helena, eu achava que ela não era "nada legal"), e deixei Tolstói dissertando sozinho sobre os problemas agrários da Rússia eterna.

Pulei páginas, e daí?

Todos os meninos e todas as meninas deveriam fazer o mesmo.

Com a condição de poderem se oferecer muito cedo quase todas as maravilhas consideradas inacessíveis à idade deles.

Se têm vontade de ler *Moby Dick*, mas perdem a coragem diante das digressões de Melville sobre o material e as técnicas da caça à baleia, não é preciso que renunciem à leitura, mas que pulem, que pulem por cima dessas páginas e persigam Ahab sem se preocupar com o resto, como ele persegue sua branca razão de viver e de morrer! Se querem conhecer Ivan, Dimitri, Aliocha e o incrível pai deles, que abram e leiam *Os irmãos Karamazov*, é feito para eles, mesmo que seja preciso pular o testamento do *starets Zózimo* ou a lenda do Grande Inquisidor.

Um grande perigo os espreita, se não decidem por si mesmos por aquilo que está à disposição, pulando as páginas de sua escolha: *outros o farão no lugar deles*. Outros se armarão das grandes tesouras da imbecilidade e cortarão tudo que julgarem "difícil" demais para eles. Isso dá resultados assustadores. *Moby Dick* ou *Os miseráveis* reduzidos a resumos de 150 páginas, mutilados, estragados, raquíticos, mumificados, *reescritos* para eles numa linguagem famélica que se supõe ser a deles. Um pouco como se eu me metesse a redesenhar *Guernica* sob o pretexto de que Picasso tivesse jogado ali traços demais para um olho de doze ou treze anos.

E depois, quando nos tornamos "grandes", mesmo se recusamos confessar, ainda nos acontece de pularmos páginas, por razões que só interessam a nós e ao livro que estamos lendo. Pode acontecer também que nos proibamos totalmente de fazer isso, nos obriguemos a ler tudo até a última palavra, julgando que aqui o autor se alongou demais, que ele está tocando uma linha de flauta passavelmente gratuita, que em certos lugares ele se dá à repetição e que, em outros, à idiotice. Seja o que for que digamos, esse aborrecimento teimoso que nos impomos não está na ordem do *dever*, ele é uma categoria do nosso prazer de leitor.

3

O direito de não terminar um livro

Existem trinta e seis mil razões para se abandonar um livro antes do fim: o sentimento do "já lido", uma história que não nos prende, nossa desaprovação total pelas teses do autor, um estilo que nos deixa de cabelo em pé, ou ao contrário, uma ausência de narrativa que não compensa ir mais longe... Inútil enumerar as 35.995 outras, entre as quais as de que é preciso cuidar da cárie dentária, as perseguições do nosso chefe de serviço ou um abalo sísmico de coração que petrifica nossa cabeça.

O livro nos cai das mãos?

Que caia.

Afinal, não é porque Montesquieu o quisesse que se vai poder oferecer, de encomenda, o consolo de uma hora de leitura.

No entanto, entre nossas razões para abandonar uma leitura existe uma que merece que nos detenhamos um pouco: o sentimento vago de *perda*. Abri, li e cedo me senti submerso por qualquer coisa *mais forte* do que eu. Reuni meus neurônios, discuti com o texto, mas não adianta, fico com o belo sentimento de que o que está escrito merece ser lido, mas não pego nada – ou tão pouco que é mesmo que nada –, sinto ali um "estranhamento" que não me prende.

Deixo cair.

Ou melhor, deixo de lado. Guardo na minha estante com o vago projeto de voltar um dia. O *Petersburgo* de

Andreï Bielyï, Joyce e seu *Ulisses*, *À sombra do vulcão* de Malcom Lowry me esperaram alguns anos. Há outros que me esperam ainda, alguns que não vou recuperar nunca, provavelmente. Isso não é um drama, é assim mesmo. A noção de "maturidade" é coisa estranha, em matéria de leitura. Até uma certa idade, não temos a idade para certas leituras. Mas, ao contrário das boas garrafas, os bons livros não envelhecem, somos nós que envelhecemos. E quando nos acreditamos suficientemente "maduros" para lê-los, nós os atacamos mais uma vez. Então, das duas uma: ou o reencontro acontece ou é um novo fiasco. Talvez tentemos de novo, talvez não. Mas o certo é que não é por culpa de Thomas Mann se não pude, até hoje, chegar ao cume de sua *Montanha mágica*.

O grande romance que nos resiste não é necessariamente mais *difícil* do que um outro... Há entre ele – por grande que seja – e nós – por aptos a "compreender" que nos estimemos – uma reação química que não se opera. Um belo dia *simpatizamos* com a obra de Borges que até então nos mantinha à distância, mas continuamos toda a vida estranhos à de Musil...

Bem, temos a escolha; ou vamos pensar que é *nossa culpa*, que temos uma telha de menos, que abrigamos uma porção irredutível de burrice, ou vamos bisbilhotar do lado da noção tão controvertida do gosto e buscar estabelecer o mapa dos nossos gostos cuidadosamente.

É prudente recomendar a nossas crianças essa segunda solução.

Tanto mais que ela pode oferecer esse prazer raro: reler compreendendo, enfim, *por que* não gostamos. E esse outro raro prazer: escutar sem emoção o pretensioso erudito de plantão berrar em nossos ouvidos:

– Mas como é que se pode não gostar de Stendhaaaal?

É possível.

4

O direito de reler

Reler o que me tinha uma primeira vez rejeitado, reler sem pular, reler sob um outro ângulo, reler para verificar, sim... nós nos concedemos todos esses direitos.

Mas relemos sobretudo gratuitamente, pelo prazer da repetição, a alegria dos reencontros, para pôr à prova a intimidade.

"Mais", "mais", dizia a criança que fomos...

Nossas releituras adultas têm muito desse desejo: nos encantar com a sensação de permanência e as encontrarmos, a cada vez, sempre ricas em novos encantamentos.

5

O direito de ler qualquer coisa

A propósito de "gosto", alguns de meus alunos sofrem um bocado quando se acham diante do arquiclássico tema de dissertação: *"Podemos falar de bons e maus romances?"*

Como sob a aparência de um "eu não faço concessão", eles são no fundo gentis, em lugar de abordar o aspecto literário do problema, eles o olham do ponto de vista ético e não tratam a questão senão sob o ângulo das liberdades. Assim, o conjunto de suas redações poderia se resumir nesta fórmula: "Mas não, não, cada um tem o direito de escrever o que quiser e os gostos dos leitores estão aí, por toda parte, não, fora de brincadeira!" Sim... é, sim... posição perfeitamente honrosa...

Isso não impede que haja bons e maus romances. É possível citar nomes, é possível apresentar provas.

Para encurtar: digamos que existe aquilo que vou chamar de uma "literatura industrial" que se contenta em reproduzir ao infinito o mesmo tipo de narrativa, debita o estereótipo em cadeia, faz comércio dos bons sentimentos e das sensações fortes, salta sobre todos os pretextos oferecidos pela atualidade para desovar uma ficção de circunstância, se dá a "estudos de mercado" para colocar, segundo a "conjuntura", tal tipo de "produto", capaz de inflamar tal categoria de leitores.

São assim, infalivelmente, os *maus* romances.

Por quê? Porque eles não valorizam a criação, mas a reprodução de "formas" preestabelecidas, porque são uma empresa de simplificação (quer dizer, de mentira), quando o romance é a arte da verdade (quer dizer, de complexidade), porque incensando nossos automatismos, adormecem nossa curiosidade, enfim e sobretudo, porque o autor *não está ali*, nem a realidade que ele pretende nos descrever.

Resumindo, uma literatura do "pronto para o consumo", feita na fôrma e que gostaria de nos amarrar dentro dessa mesma fôrma.

Nem pensem que essas idiotices são um fenômeno recente, ligado à industrialização do livro. Nada disso, a exploração do sensacional, do folhetim, do arrepio fácil numa frase sem autor não data de ontem. Para não citar mais que dois exemplos, lembremos o romance de cavalaria que escorregou nesse mangue, assim como o romantismo, muito tempo mais tarde. E como o mau pode servir a qualquer coisa de bom, a reação a essa literatura desviada nos deu dois dos mais belos romances que há no mundo: *Dom Quixote* e *Madame Bovary*.

Há, então, os "bons" e os "maus" romances.

O mais comum é que encontremos primeiro os segundos em nosso caminho.

E tenho certeza, quando passei por ali, lembro-me de ter achado "terrivelmente bom". Tive sorte: ninguém riu de mim, ninguém levantou os olhos aos céus, não fui tratado como um cretino. Simplesmente foram deixados à mão, nos meus lugares de passagem, alguns "bons" romances, sem que me proibissem dos outros.

Sabedoria.

Durante um certo tempo, lemos os bons e os maus, tudo junto. Do mesmo modo que não renunciamos de um dia para o outro às nossas leituras de criança. Tudo se mistura. Sai-se de *Guerra e paz* para se voltar a mergulhar em livros de aventuras. Passa-se de *Sabrina* e *Julia* (histórias de belos doutores e de louváveis enfermeiras) a Boris Pasternak e a seu *Doutor Jivago* – um belo doutor, ele também, e Lara, uma enfermeira, ó quão louvável!

Então, um dia, é Pasternak quem ganha. Insensivelmente, nossos desejos nos empurram a freqüentar os "bons". Procuramos os escritores, procuramos a escrita, abandonamos simples colegas de brincadeiras, reclamamos *companheiros de ser.* A anedota pura não nos satisfaz mais. Chegou o momento em que pedimos ao romance uma outra coisa que não seja a satisfação imediata e exclusiva de nossas *sensações*.

Uma das grandes alegrias do "pedagogo" é – toda leitura sendo autorizada – a de ver um aluno bater sozinho à porta da fábrica Best-seller para subir e respirar na casa do amigo Balzac.

6

O direito ao bovarismo
(doença textualmente transmissível)

É assim, grosso modo, o "bovarismo", esta satisfação imediata e exclusiva de nossas *sensações*: a imaginação infla, os nervos vibram, o coração se embala, a adrenalina jorra, a identificação opera em todas as direções e o cérebro troca (momentaneamente) os balões do cotidiano pelas lanternas do romanesco.

É nosso primeiro *estado* de leitor, comum a todos.

Delicioso.

Mas meio assustador para o observador adulto que, com freqüência, se precipita a brandir um "bom título" debaixo do nariz do jovem bovarista, gritando:

– Afinal, Maupassant é bem "melhor", não?

Calma!... não se deixar ceder ao bovarismo; dizer que Emma, afinal, não era ela mesma outra coisa que um personagem de romance, quer dizer, o produto de um determinismo em que as causas semeadas por Gustave não engendrariam outros efeitos – por mais *verdadeiros* que fossem – senão os que desejasse Flaubert.

Em outros tempos, não é porque essa mocinha coleciona *Sabrina* que ela vai acabar engolindo arsênico numa concha. Forçar a mão nesse estágio de suas leituras é nos separar dela, negando nossa própria adolescência. E é privá-la do prazer incomparável de desalojar amanhã, por conta própria, os estereótipos que, hoje, parecem deixá-la fora de si.

É sábio nos reconciliarmos com a nossa adolescência; detestar, desprezar, negar ou simplesmente esquecer o adolescente que fomos é em si uma atitude adolescente, uma concepção da adolescência como doença mortal.

Daí a necessidade de lembrarmos nossas primeiras efervescências de leitores e montarmos um pequeno altar a nossas antigas leituras. Inclusive às mais "bobas". Elas representam um papel inestimável: nos emocionar com aquilo que fomos, rindo daquilo que nos emocionava. Os meninos e as meninas que partilham nossa vida ganham aí, certamente, em respeito e em ternura.

E depois, se dizer também que o bovarismo é – com algumas outras – a coisa do mundo mais bem partilhada: é sempre nos outros que vamos buscá-la. Ao mesmo tempo que vilipendiamos a estupidez das leituras adolescentes, não é raro que concorramos para o sucesso de um escritor telegênico, para em seguida passarmos à maledicência, assim que a moda tenha acabado. As coqueluches literárias se explicam largamente por essa alternância de nossos esclarecidos embalos e nossas perspicazes rejeições.

Nunca enganados, sempre lúcidos, passamos o tempo a nos suceder a nós mesmos, convencidos para sempre de que Madame Bovary é o outro.

Emma devia compartilhar essa convicção.

7

O direito de ler em qualquer lugar

Châlons-sur-Marne, 1971, inverno.
Caserna da Escola de Aplicação de Artilharia.
Na distribuição matinal de tarefas, o soldado de segunda classe Fulano (Matrícula 14672/1, bem conhecido de nossos serviços) se apresenta sistematicamente como voluntário para a tarefa menos popular, a mais ingrata, distribuída com freqüência a título de punição e que atinge a honra dos mais aguerridos: a lendária, a infamante, a inominável *tarefa das latrinas*.

Todas as manhãs.

Com o mesmo sorriso. (Interior.)

– Tarefa das latrinas?

Ele dá um passo à frente:

– Fulano!

Com a gravidade última que precede o assalto, pega a vassoura de onde pende o pano de chão, como se fosse o estandarte da companhia, e desaparece, para grande alívio da tropa. É um bravo: ninguém o segue. O exército inteiro continua protegido na trincheira das tarefas honrosas.

As horas passam. Acredita-se que ele se perdeu. Quase se esquecem dele. Esquecem-no. Ele reaparece, entretanto, no fim da manhã, batendo os saltos das botas para o relatório ao sargento da companhia: "Latrinas impecáveis, meu sargento!" O sargento recupera vassoura e pano de chão com uma profunda interrogação nos olhos, que ele não formula jamais. (Respeito humano obriga.)

O soldado saúda, faz meia-volta, se retira, levando o segredo com ele.

O segredo pesa um bom peso no bolso direito do blusão: 1.900 páginas do volume consagrado às obras completas de Nicolai Gogol. Quinze minutos de pano de chão contra uma manhã de Gogol... Cada manhã, faz dois meses de inverno, confortavelmente sentado na sala dos tronos, fechada com duas voltas, o soldado Fulano voa muito acima das contingências militares. Todo Gogol! Das nostálgicas *Noites na fazenda de Dikanke* às hilariantes *Novelas,* passando pelo terrível *Taras Bulba* e a negra farsa das *Almas mortas*, sem esquecer o teatro e a correspondência de Gogol, esse incrível Tartufo.

Porque Gogol é o Tartufo que Molière teria inventado, o que o soldado Fulano não teria jamais entendido se tivesse oferecido aquela tarefa a outros.

O exército gosta de celebrar os feitos de armas.

Desse, nada resta, senão dois alexandrinos, gravados no alto do metal de uma caixa de descarga e que contam entre os mais suntuosos da poesia francesa:

Oui je peux sans mentir, assieds-toi, pédagogue,
Affirmer avoir lu tout mon Gogol aux gogues.*

(Por sua vez, o velho Clemenceau, "o Tigre", um famoso soldado, ele também, era agradecido a uma prisão de ventre crônica sem a qual, afirmava, não teria tido jamais a felicidade de ler as *Memórias* de Saint-Simon.)

---

* Sim posso sem mentir, senta-te, pedagogo,
Afirmar ter lido todo meu Gogol nas privadas. (Tradução livre.)

8

O direito de ler uma frase aqui e outra ali

Eu colho, nós colhemos, deixemos que eles colham, ao acaso.

É a autorização que nos concedemos de pegar qualquer volume de nossa biblioteca, de o abrir em qualquer lugar e de mergulharmos nele por um momento, porque só dispomos, justamente, desse momento. Alguns livros se prestam melhor que outros a essa colheita ao acaso, porque são compostos de textos curtos e separados: as obras completas de Alphonse Allais ou de Woody Allen, as novelas de Kafka ou de Saki, os escritos de Georges Perros, o bom velho Rochefoucauld e a maior parte dos poetas...

Assim dito, se pode abrir Proust, Shakespeare ou a *Correspondência* de Raymond Chandler em qualquer lugar, colher aqui e ali, sem o menor risco de se ficar decepcionado.

Quando não se tem nem o tempo nem os meios de se oferecer uma semana em Veneza, por que se recusar o direito de passar lá cinco minutos?

9

O direito de ler em voz alta

Eu lhe pergunto:
– Em casa, liam histórias em voz alta, quando você era pequena?

Ela me responde:
– Nunca. Meu pai estava muitas vezes ausente e minha mãe ocupada demais.

Eu lhe pergunto:
– Então, de onde é que vem esse seu gosto pela leitura em voz alta?

Ela me responde:
– Da escola.

Feliz de escutar alguém reconhecer um mérito à escola, exclamo, todo contente:
– Ah! Você está vendo?

Ela me diz:
– Nada disso. A escola nos *proibia* a leitura em voz alta. Leitura silenciosa, já era o credo na época. Direto do olho ao cérebro. Transcrição instantânea. Rapidez, eficiência. Com um teste de compreensão a cada dez linhas. A religião da análise e do comentário, desde o começo! A maior parte das crianças morria de medo, e isso era só o começo! Todas as minhas respostas eram boas, se você quer saber, mas voltando para casa eu relia tudo em voz alta.

– Por quê?

– Pelo encantamento. As palavras pronunciadas se punham a existir fora de mim, elas viviam de verdade.

E depois, me parecia que era um ato de amor. Que era o amor mesmo. Sempre tive a impressão de que o amor pelo livro passa pelo amor, simplesmente. Deitava minhas bonecas na minha cama, no meu lugar, e lia para elas. Me acontecia de dormir aos pés delas, no tapete.

Eu a escuto, escuto e parece que estou escutando Dylan Thomas, bêbado como o desespero, lendo seus poemas, com sua voz de catedral...

Eu a escuto e parece que estou vendo Dickens ,o velho Dickens, ossudo e pálido, tão perto da morte, subir em cena... seu grande público de iletrados, de repente, petrificado, silencioso a ponto de se escutar o livro se abrir... Oliver Twist... a morte de Nancy... é a morte de Nancy que ele vai ler para nós!

Eu a escuto e ouço Kafka rir até as lágrimas lendo *A metamorfose* para Max Brod, que não está certo de estar acompanhando... e vejo a pequenina Mary Shelley oferecer grandes fatias de seu *Frankenstein* a Percy e aos amigos assombrados...

Eu escuto e aparece Martin du Gard lendo para Gide seus *Thibault*... mas Gide parece não escutar... eles estão sentados na beira de um rio, mas o olhar de Gide está longe... os olhos de Gide escaparam, lá mais embaixo, onde dois adolescentes mergulham... uma perfeição que a água veste de luz... Martin du Gard fica uma fúria... mas não, ele leu bem... e Gide escutou tudo... e Gide lhe diz todo o bem que pensa dessas páginas... mas, mesmo assim, precisaria talvez modificar isso e aquilo, aqui e ali...

E Dostoiévski, que não se contentava de ler em voz alta, mas que *escrevia* em voz alta... Dostoiévski, sem fôlego, depois de ter proferido violentamente sua acusação contra Raskolnikov (ou Dimitri Karamazov, não sei mais)... Dostoiévski perguntando à sua mulher estenógrafa: "Então? Qual é o seu veredicto? Hein? Hein?"

ANNA: Condenado!

E o mesmo Dostoiévski, após lhe ter ditado o discurso da defesa...: "Então? Então?"
ANNA: Absolvido!

É...

Estranho desaparecimento, esse da leitura em voz alta. O que é que Dostoiévski teria pensado disso? E Flaubert? Não se tem mais o direito de pôr as palavras na boca antes de enfiá-las na cabeça? Não há mais ouvidos? Nem música? Nem saliva? Nem gosto nas palavras? E além de tudo e ainda mais! Será que Flaubert não se pôs a gritar (até fazer explodir os tímpanos) seu *Madame Bovary*? Será que ele não está *definitivamente* mais bem equipado do que qualquer outro para saber que a inteligência do texto passa pelo *som* das palavras, lá onde se faz a fusão dos seus sentidos? Será que não é ele que sabe, como ninguém mais, ele que tanto brigou com a música intempestiva das sílabas, a tirania das cadências, que o *sentido* é algo que se *pronuncia*? O quê? Textos mudos para puros espíritos? A mim, Rabelais! A mim, Flaubert! Dostô! Kafka! Dickens!, a mim! Venham dar um sopro a nossos livros! Nossas palavras precisam de corpos! Nossos livros precisam de vida!

É verdade que o silêncio do texto é confortável... não se arrisca a morte, como Dickens, a quem os médicos pediam que *calasse*, enfim, seus romances... o texto e cada um... todas essas palavras amordaçadas na amolecida cozinha de nossa inteligência... como pode se sentir alguém nesse silencioso tricotar de nossos comentários!... e além disso, julgando o livro à parte, a sós, não se corre o risco de ser julgado por ele... é que, desde que a voz se mistura, o livro diz muito sobre seu leitor... o livro diz tudo.

O homem que lê de viva voz se expõe totalmente. Se não sabe o que lê, ele é ignorante de suas palavras, é uma miséria, e isso se percebe. Se se recusa a habitar sua leitura, as palavras tornam-se letras mortas, e isso se sente. Se satura o texto com a sua presença, o autor se retrai, é um número de circo, e isso se vê. O homem que lê de viva voz se expõe totalmente aos olhos que o escutam.

Se ele lê verdadeiramente, põe nisso todo seu saber, dominando seu prazer, se sua leitura é um ato de *simpatia* pelo auditório como pelo texto e seu autor, se consegue fazer entender a necessidade de escrever, acordando nossas mais obscuras necessidades de compreender, então os livros se abrem para ele e a multidão daqueles que se acreditavam excluídos da leitura vai se precipitar atrás dele.

10

O direito de calar

O homem constrói casas porque está vivo, mas escreve livros porque se sabe mortal. Ele vive em grupo porque é gregário, mas lê porque se sabe só. Essa leitura é para ele uma companhia que não ocupa o lugar de qualquer outra, mas nenhuma outra companhia saberia substituir. Ela não lhe oferece qualquer explicação definitiva sobre seu destino, mas tece uma trama cerrada de conivências entre a vida e ele. Ínfimas e secretas conivências que falam da paradoxal felicidade de viver, enquanto elas mesmas deixam claro o trágico absurdo da vida. De tal forma que nossas razões para ler são tão estranhas quanto nossas razões para viver. E a ninguém é dado o poder para pedir contas dessa intimidade.

Os raros adultos que me deram a ler se retraíram diante da grandeza dos livros e me pouparam de perguntas sobre o que é que eu tinha entendido deles. A esses, claro, eu costumava falar de minhas leituras. Vivos ou mortos, ofereço a eles essas páginas.

Rocco **L&PM** POCKET

Akropolis – Valerio Massimo Manfredi
O álibi – Sandra Brown
Assédio sexual – Michael Crichton
Bella Toscana – Frances Mayes
Como um romance – Daniel Pennac
Devoradores de mortos – Michael Crichton
Emboscada no Forte Bragg – Tom Wolfe
A identidade Bourne – Robert Ludlum
O parque dos dinossauros – Michael Crichton
Sob o sol da Toscana – Frances Mayes
Sol nascente – Michael Crichton
Trilogia da paixão – J. W. von Goethe
A última legião – Valerio Massimo Manfredi
As virgens suicidas – Jeffrey Eugenides

IMPRESSÃO:

Santa Maria - RS - Fone/Fax: (55) 3220.4500
www.pallotti.com.br